# HISTORIAS QUE TE CONVERTIRÁN EN UN INMIGRANTE EXITOSO

T. Jam

HISTORIAS QUE TE CONVERTIRÁN EN UN INMIGRANTE EXITOSO
1ra Edición. Marzo 2019
Distrito Capital, Venezuela.
© 2019 por **T. Jam** (Pedro A. Marcano)

Portada Original: **T. Jam**

## DEDICATORIA

A todos aquellos valientes que salen de sus zonas de confort para ir en busca de sus sueños, aquellos que no tienen otra opción que emigrar, aquellos que sueltan el temor para andar el camino hacia la meta, aquellos que ya se encuentran como inmigrantes y quieren atraer el éxito a sus vidas.

A los míos, familia, amigos, esposa y personas especiales en mi vida.

El éxito siempre ha estado cerca de todos nosotros, solo debemos desmontar mitos, comenzar a actuar para seducirlo y atraerlo hacia nosotros.

# ÍNDICE

El Inmigrante

UN VIAJE INESPERADO

Auto Control

    EL JOVEN Y LA CHICA

Planificación

    El PILOTO Y SU COMPAÑERO

Meta

    el despertar de un sueño

Enfoque y Disciplina

    un anciano valioso

Reconocimiento y Ofrecimiento

    El Buen Pregonero

Adaptabilidad y Creatividad

    LA VACA SAGRADA

Retomar y Ampliar la Fuente

    El Empresario Orgulloso

Mentalidad y Actitud

    El invicto

Éxito

    Mensaje

# EL INMIGRANTE

E s ese sujeto que se ve obligado a cambiar de rumbo en busca de un sueño que no puede ser materializado en la tierra que lo ha visto crecer, teniendo razones diversas como: conflicto interno, guerras fronterizas, pobreza extrema, deterioro social, falta de oportunidades, dictadura, inseguridad, mala educación, falta de desarrollo, insalubridad, malas políticas de Estado, pésimos valores sociales, entre otros.

Desprenderse de los suyos es de las situaciones más intensas que puede vivir un ser humano, especialmente por el hecho de tener la fecha exacta de cuándo se alejará de ellos, pero incertidumbre en cuanto al momento en que volverá a reencontrarse con los suyos, si es que en algún instante llega a suceder ello.

No importa lo mucho o poco valiente que nos sintamos, lo frío o lo sentimental que nos creamos o lo fuerte o débil que nos sentimos, el momento de la despedida es de esos instantes que golpean duro en el ser. Cada individuo es un mundo, en efecto las situaciones particulares de cada quién se presentan en la vida según su carácter y personalidad, pero indudablemente el distanciamiento de la tierra y los seres a quienes queremos son elementos que les mueven el piso hasta el más fuerte.

Ahora bien, muy a pesar de todas las situaciones que se presenten en la vida, los acontecimientos externos que obligan a una persona a tener que replantearse su norte o definitivamente tener que buscar nuevas oportunidades en tierras extranjeras, la diferencia entre llegar al éxito con mayor rapidez o atrasar su llegada a él, es entre otras evitar y erradicar la improvisación.

El inesperado hecho para muchos de nosotros de tener que alejarnos de nuestro país, familiares y amigos, situación que no estuvo siquiera como una posibilidad de futuro, muy a pesar de que en algunos casos dicho cambio se produce de forma abrupta, no significa que debamos caer en el desespero, tirar todo a la basura y dirigirnos al nuevo destino sin proyecto alguno, esperando sin más, que todo salga bien por arte de magia.

La vida de un sujeto exitoso no parte desde la improvisación, no comienza desde la espera y no inicia desde la incertidumbre. Un sujeto exitoso es capaz de sortear los obstáculos, derribar barreras o transformar las dificultades en oportunidades, a partir de la planificación y acción.

Habrán personas que dirán que el éxito les llegó de improvisto, que no lo planificaron, no obstante, habría que evaluar su vida para determinar si ciertamente no hubo pasos estructurados que conllevaron a su éxito, pero supongamos que sí existen personas que les haya ocurrido eso, pues aunque en la vida todo es posible, esos individuos representan el mínimo casi imperceptible porcentaje de sujetos exitosos que lo han logrado sin planificación. Entonces ¿vale la pena arriesgar nuestras posibles vidas exitosas, esperando a que llegue sin planificarlo? para quizás estar dentro del 0,5% de sujetos que no planificaron encontrarse con el éxito y a pesar de ello lo obtuvieron o ¿preferimos estar dentro del 99,5% de sujetos exitosos que lo atrajeron desde la planificación?

El viaje inesperado puede ser una aventura con propósito a partir de una gran planificación o una película de terror y suspenso en la que no tengamos idea de lo que pasará a partir de la improvisación desmesurada. La opción que vamos a vivir siempre dependerá de lo que elijamos por convicción o por desconocimiento. Hay personas que antes de realizar el viaje visualizan lo que harán en su nuevo hogar y con ello procuran alcanzar la meta, mientras que existen otras que sin pensarlo se mueven de sus fronteras, viviendo experiencias aterradoras, imprevistas e inimaginables producto del desconocimiento.

Todo inmigrante que pretenda tener éxito en el país que decidió como nuevo destino, debe planificarse antes de partir a su no-vísimo rumbo y si ya se encontrase en tierras exranjeras, tiene la obligación de elaborar su plan de acción de inmediato.

¡Eso sí! antes de materializar la proyección del camino hacia el éxito, resulta necesario controlar y reconducir algunos elemen-tos que se manifiestan justo al momento de percatarse que la sa-lida del territorio es impostergable o en el momento exacto del distanciamiento del territorio ya materializado.

# UN VIAJE INESPERADO

El ser humano promedio nace y se desarrolla en un entorno familiar, a algunos les toca crecer lejos de la familia y a otros dentro de un núcleo familiar propio; pero lo que indefectiblemente tenemos todos en común, es el desarrollo dentro de un mismo núcleo social, que con el transcurso de los años se convierte en parte de nosotros mismos. Esa evolución de la niñez a la adolescencia y de seguidas a la adultez, provoca un cierto apego hacia nuestro entorno; dependiendo de cómo hayan sido nuestras experiencias durante todo ese tiempo, se puede crear un lazo aun más profundo con el entorno o quizás un rechazo hacia el mismo.

Sin importar la situación en la que nos encontremos, existe un momento exacto en la vida de toda persona, en el que comienza a pensar en independizarse, con lo cual evalúa las posibilidades de salidas del lugar donde se halla, lo ideal para la gran mayoría es moverse a algún sitio mejor, pero que no rompa el vínculo con la tierra que nos ha visto crecer y mejor aún en la que no perdamos el contacto directo con los nuestros (familia, amigos, colegas, pareja, etc.).

Existen individuos a quienes por la mente no se les ocurre siquiera un instante viajar lejos de su país ni siquiera por vacaciones, sus raíces se encuentran bien arraigadas y pueden disfrutar viajando internamente, hay otros a quienes les encanta viajar, teniendo como sueño conocer el mundo y finalmente, están aquellos a quienes les gusta su país, se sienten cómodos en él, sin embargo, no les desagrada viajar al exterior, como método de relajación o en búsqueda de nuevos conocimientos.

Para todos los anteriores, cada viaje que realicen o dejen de hacer, se trata de un método de planificación, es algo que se quiere, se prepara con antelación, se trabaja para ello, no hay improvisación ni motivación impensada que les obligue a realizar alguna visita al extranjero. Ahorran el dinero que piensan gastar afuera, compran los boletos, reservan habitación en algún hotel, planean los lugares que desean conocer, preparan las maletas y estan seguro de la fecha de retorno a sus hogares para continuar con sus vida como las llevan desde hace mucho tiempo.

La gran mayoría de las personas, les encantaría una vida "perfecta" en la que podamos evolucionar, según nuestra actitud y capacidad para lograrlo, sin tener que despedirnos de nuestro hogar, alejandonos de esa tierra que nos ha visto crecer por años, un sitio al que queremos, que conocemos a la perfección, donde aprendimos a convivir con sus debilidades y nos enamoramos de sus fortalezas, es esa tierra en la que por más problemas que puedan surgir ya sabemos cómo resolver, un espacio en el que las situaciones difíciles pueden ser solventadas entre todos, se trata de costumbres comunes, una cultura con la que crecimos  todos y que nos convirtió en hermanos de la misma tierra.

Sin embargo, a algunos nos ocurre ese hecho imprevisto, jamás pensado, un evento extraordinario que en principio nos perturba esa "vida perfecta" que imaginabamos, obligandonos a redirigir nuestro proyecto futuro, esa eventualidad increíble que a la gran mayoría nos cae como un balde de agua helada, es justo ese momento en el que decidimos viajar al exterior, ya no como turistas o visitantes, sino como soñadores inmigrantes que anhelan triunfar en tierras extranjeras, para tener una vida extraordinaria que nos permita  mejorar nuestras vidas y la de los nuestros.

# AUTO CONTROL

Dependiendo de las razones que motivan el viaje del indivi-duo los sentimientos que se revelan pueden ser distintos; no es lo mismo quien decide ser inmigrante en busca de un sueño a quien lo decide por obligación, no es lo mismo quien se conduce a otro destino con recursos suficientes para el mante-nimiento en el exterior a quien lo ejecuta con escasos o peor aún, sin nada de recursos, no es lo mismo quien va por estudios a quien va por una nueva vida, no es lo mismo quien se va pensando en re-gresar a quien se va sabiendo que no hay vuelta atrás.

Sin embargo, poniendo a un lado las razones que motivan el viaje al extranjero, lo primordial es entender que efectivamente se tendrá la condición de inmigrante en esa nueva tierra prome-tida, lo cual provocará el surgimiento de muchísimas sensacio-nes; algunas como la angustia al no saber por dónde empezar, nervios de no conocer qué nos deparará ese nuevo lugar, ansiedad por no estar allá luchando por nuestras metas, temor al fracaso o que no nos salgan las cosas como la imaginamos, incertidumbre de no saber si nos adaptaremos, cómo nos tratarán o si nos gustará ese nuevo territorio, estrés por tener que "cambiar de vida", frus-tración por tener que irnos de nuestro país, quizás sentiremos re-chazo al viaje, muchas dudas por no saber qué acontecerá, apatía con el nuevo territorio y finalmente resignación con el cambio.

En definitiva lo que genera todas esas sensaciones es el cambio y sobretodo el no saber ¿qué sucederá?

Cada sensación es una respuesta natural del ser humano, lo cual resulta saludable su surgimiento, lo delicado está en que ninguna de esas sensaciones tome el control de nuestro ser, sentir miedo no es malo, dudar no es malo, la tristeza no es mala, lo negativo se encuentra en el descontrol del sentimiento, al punto que perturbe o paralice nuestro accionar.

Por ello, es primordial entender que cada sentimiento que produce ese futuro viaje inesperado, es algo normal, saludable y natural. Entendiendo a su vez que cada una de las sensaciones que se van manifestando, pueden ser controladas una a una por nosotros mismos, impidiéndoles tener el control sobre nuestro ser.

Nosotros los seres humano tenemos la capacidad de evolucionar y desarrollarnos de gran manera, pero nuestra efectividad y grandeza la conseguimos exactamente en el instante que comenzamos a controlar todo nuestro ser.

La vida son ciclos que constantemente inician, se desarrollan y culminan, a todos nos ha sucedido alguna situación que nos ha generado gran alegría y justo cuando estamos enganchados en el sentimiento ¡bum! ocurre algo que nos molesta de gran manera, una alteración de tal magnitud que creemos que la circunstancia en la que estamos es sencillamente asquerosa y de repente de la nada, alguien se acerca a nosotros y nos da su testimonio sobre la terrible situación por la que está pasando, es allí donde reflexionamos y sentimos compasión hacia la otra persona e inmediatamente agradecemos a la vida porque estamos sanos y casualmente en el momento de mayor agradecimiento sucede un evento que nos impacta tanto que deprime nuestro ser y luego de todo lo anterior nos enteramos de una grata noticia que sin preverlo provoca en nosotros el renacimiento del amor y la alegría (obviamente cada emoción antes plasmada tiene distanciamiento en el tiempo, resulta un tanto difícil vivir todos esos eventos en un mismo día). Lo cierto, es que se trata de ciclos interminables en los que el ser humano se encuentra en una especie de montaña rusa, subiendo y bajando a toda velocidad.

Por esa razón es determinante lograr tener autocontrol de nuestros sentimientos y emociones, no a partir de la negación o rechazo de los mismos, por el contrario, aceptandolos, reconociendolos; pero entendiendo, que resulta imposible mantenernos de por vida en una única emoción, en algún momento la vida nos sacará una lágrima y en otras situaciones alguna sonrisa, sin embargo, si comprendemos que las circunstancias son sólo períodos finitos, y, que de una manera u otra lo que sentimos hoy sencillamente mas adelante va a cambiar, es allí, donde aprenderemos a valorar los momentos de alegría y nos enfocaremos en encontrar el aprendizaje de los momentos difíciles.

A pesar de que los sentimientos fluyen cíclicamente, existe uno que puede mantenerse permanente para toda la vida y ese es la FELICIDAD, ser feliz no significa estar alegre (sonriendo a toda hora), ser feliz es estar a plenitud con nosotros mismos, valorar la vida en toda su extensión, sin criticar los malos ratos o añorar los buenos momentos, es entender que vivir no es lo mismo que estar vivo; estar vivo es el aspecto técnico contrario a estar muerto; por ejemplo: una persona que pase 14 horas del día durmiendo y las otras 10 sin hacer más nada que satisfacer sus necesidades fisiológicas, es una persona que está viva, pero ¿realmente está viviendo?, vivir es afrontar la vida como se nos presenta, con las alegrías, rabias, angustias, temores, tristezas, pasiones y demás sentimientos que surgen con cada acontecimiento propio del vivir. La felicidad no se busca, no se encuentra en alguien o en algo, la felicidad no está afuera, la felicidad siempre se encuentra dentro de nosotros y se trata de una decisión personalísima.

Hoy digo SOY FELÍZ Y NADA NI NADIE LO IMPEDIRÁ, soy feliz en mi tristeza, soy feliz en mis miedos, soy feliz en mis molestias, soy feliz en mis pasiones, soy feliz en mis alegrías y sobretodo soy feliz en mi vida. Porque la clave está, en que entendamos que la vida es individual e indivisible, nadie tiene el derecho ni la potestad de dirigir la vida de otros, mucho menos podemos permitir que dirijan las nuestras, nadie puede hacernos sentir menos, ni mucho menos decirnos quienes somos, solo nosotros sabemos lo que somos, lo que valemos, de lo que somos capaces y en definitiva, lo que lograremos.

Una vez tengamos claro que somos felices porque así lo hemos decidido, que entendamos que los sentimientos y las circunstancias son solo ciclos y por lo tanto no se quedarán para siempre en nuestras vidas, sino que constantemente estarán presentándose según los acontecimientos que nos sucederan, como consecuencia del grandioso y maravilloso hecho de VIVIR, es allí donde comenzaremos a tener autocontrol de nuestro ser.

Existe una técnica ancestral quenos invita a practicar que: por cada pensamiento o sensación negativa, debemos pensar e imaginarnos por lo menos 3 pensamientos que nos generen sensaciones positivas, de está forma aprenderemos a reducir los tiempos de esas emociones que no podemos permitir que nos arropen y mucho menos que nos paralicen.

Los cambios se producen con la constancia, si existe alguna emoción en particular que siempre nos arropa cuando se manifiesta en nuestro ser, lo primordial no es eliminarla inmediatamente, sino ir reduciendo su permanencia progresivamente. Es decir, si una molestia perduraba en nosotros todo el día, pues debemos trabajar, para que solo nos abarque por lo menos medio día, una proxima vez, solo horas, luego minutos y finalmente, dominar la emoción al punto de que florezca cuando así lo permitamos.

## *EL JOVEN Y LA CHICA*

Se dice, que hace algunos años atrás en una ciudad muy hermosa ubicada en el continente asiático, un joven iba caminando por las calles con una gran caja que le impedía ver con precisión hacia el frente, de pronto sin intención se tropezó con una chica, a quien lastimó un poco, la muchacha se molestó muchísimo, comenzó a insultarlo y el joven bastante apenado le pedía disculpa, sin embargo, la chica no las aceptó y se fue furiosa, el joven continuó su camino con una vergüenza absoluta por lo que había sucedido, al llegar a su casa, el joven le contó a su padre lo sucedido y lo avergonzado que estaba, el padre le dijo que debía estar más atento, ya que pudo haber pasado algo peor, quizás pudo  lastimar definitivamente a una persona, y estaría con remordimiento para toda la vida, el joven luego de esas palabras se fue a su habitación a un más deprimido, pensando en como estaría ahora mismo si él hubiese lastimado a la muchacha permanentemente, inmediatamente comenzó a sentirse culpable y se acostó a dormir sintiéndose como la peor de las personas.

La chica llegó a su casa alterada, cerró la puerta de golpe y cuando se dirigía a su habitación con toda esa ira, su madre la abordó y le dijo: ¡te tengo una sorpresa!, la muchacha volteó aun con rabia y le dijo: ¿qué cosa es? ¡Lo que tanto estabas pidiendo hija!, aquí tienes la mascota que tanto anhelabas, un cachorrito a quién deberás cuidar, inmediatamente la muchacha comenzó a saltar de la alegría, abrazó a su madre, le dijo cuanto la amaba, se fue a su cuarto y durmió con su cachorro sintiéndose como la mejor de las personas.

Con los días el joven se dio cuenta que la chica a quien él había tropezado, estudiaba en la misma universidad, tomó una flor del jardín, se acercó a ella, y pidiéndole nuevamente disculpas se la entregó, la muchacha se sonrojó y aceptó la disculpa con gran picardía. A partir de ese instante, comenzaron a tratarse y a conocerse, al punto de convertirse en novios, ambos se sentían muy enamorados, el joven le manifestaba que ese era el amor más grande que había tenido y que tendría en toda su vida, la muchacha lo correspondió y le dijo que para ella era igual. Ambos agradecieron al destino ese día en que se tropezaron, porque si no hubiese sido por esa situación quizás jamás se hubiesen conocido. Con el pasar del tiempo tuvieron concibieron un hijo, justo el día del nacimiento del bebé con gran alegría y un poco de vergüenza, se confesaron uno al otro que el amor más puro y grande de sus vidas era ese bebé que ahora si estaban seguros de lo que es el verdadero amor.

◆ ◆ ◆

En la historia anterior podemos observar como un simple hecho, causó en personas diferentes, sentimientos disímiles los cuales no controlaron y que imaginaban que era lo peor que les había pasado, sin embargo, en una conversación el padre del joven lo deprimió aún más y por el contrario la joven con un regalo se olvidó de su molestia, con los días ese "hecho horrible" resultó más bien algo que agradecieron, ya que les permitió conocerse y posteriormente tener una relación, la cual pensaban que era lo más puro y grande de sus vidas, hasta que nació su bebé.

Esas situaciones son muy comunes en el ser humano, tenemos la costumbre de ser radicales, pensar que lo que se vive hoy es lo máximo, siempre extremistas, tanto en el amor como en el odio, en la alegría o en la tristeza, dejandonos atrapar por las emociones.

Dominando nuestro ser a través del autocontrol, tendremos respuestas rápidas y productivas frente a cualquier situación que se nos presente, evitando radicalismos emocionales que al final nos resultarán perjudiciales.

A pesar de que la historia anterior tuvo un final feliz hagámonos las siguientes preguntas: ¿valió la pena todo el sufrimiento con que fue a la cama el joven el día del accidente? ¿Valió la pena toda esa molestia extrema de la muchacha, que se le esfumó en menos de un segundo al observar a su cachorro?

# PLANIFICACIÓN

Una vez entendido el autocontrol como paso fundamental para afrontar ese viaje al extranjero y lograr el tan anhelado éxito, debemos estructurar y desarrollar la planificación de nuestro nuevo futuro.

Los pasos que daremos en nuestras vidas deberían estar premeditados con la finalidad de avanzar con la mayor seguridad posible, con lo cual un paso tan importante como lo es cambiar de país debe estar aún más meditado. Para ello, resulta importante establecer los recursos que se requieren para la factibilidad del mismo, determinar qué aspectos se pueden adelantar desde el lugar de origen y cuáles deben concretarse a partir de la llegada al lugar destino.

No es lo mismo querer llegar a un sitio sin un norte, a querer llegar al mismo lugar con un trayecto previamente planificado, quizás en ambos casos se logré llegar, pero absolutamente la efectividad, eficacia e inmediatez la tendrá quien planificó con anterioridad.

Planificar consiste en estructurar cada uno de los pasos a seguir, evaluar los recursos, analizar las debilidades, evaluar el país destino y conocer sus gustos y creencias.

La planificación es el elemento de preparación del viaje, es el diseño predeterminado de lo que se ejecutará en el país receptor y quizás lo que realizaremos desde el país de origen, antes de tomar el rumbo definitivo hacia otras fronteras.

Sin embargo, dicho plan puede ser perfectamente desarrollado desde el país destino, entendiendo las especificaciones que debemos señalar para concretar nuestros objetivos.

Se trata de organizarse, con la finalidad de no improvisar o por lo menos no dedicar todo el viaje a la improvisación sin expectativa, esperando sentados qué sucederá para comenzar a actuar. Es llevar un plan de acción, que procure la materialización del sueño.

Los sujetos que planifican sus acciones, están más preparados para afrontar su nuevo destino; claro está muchas veces lo planificado toma un rumbo distinto, en razón de los imprevistos que pueden surgir en el camino, sin embargo, el autocontrol permitirá al sujeto replantear el escenario sin descontrolarse, con lo cual se enfocará en construir una nueva planificación que le permita llegar al mismo norte (la meta con la que llegamos al país destino). Estructurando nuestra dirección y pasos a seguir, estaremos demarcando el camino para el logro del sueño.

Nos planificamos haciendo una busqueda de las posibilidades laborales, educativas, empresariales, artisticas, profesionales, o de cualquier otra índole que pretendamos ejecutar en el nuevo territorio, hoy día gracias a la tecnología, podemos acercarnos a nuevas fronteras sin necesidad de pisar su terreno físicamente, por ello, es determinante la fase de búsqueda en la que procuraremos encontrar los sitios que nos convengan para: vivir, comer, movilizarnos, trabajar, estudiar, prepararnos, ahorrar, proyectarnos y crecer.

Se trata de crear una lista que permita valorar que sitios resultan mas conveniente para nosotros según diversos aspectos nuestros: economía, idioma, profesión u oficio, estudios, meta y gustos.

Si tenemos un presupuesto bajo, debemos valorar que sitios nos resultan convenientes en principio para ahorrar lo más que podamos, si tenemos un profesión en particular que deseamos ejercer en territorio extranjero, debemos valorar que provincia tiene una universidad que nos permita convalidar u homologar nuestro título, si nuestra meta tiene proyección hacia la agricultura, debemos evaluar provincias con terrenos agrícolas, si dominamos algún oficio, debemos evaluar que lugar nos resulta más conveniente para ejecutarlo.

Muchas personas toman la decisión de emigrar y salen de sus países seguros de que triunfaran en territorio extranjero, ya que en sus países respectivos dominaban por completo un oficio particular que pretenden ejecutar en la nueva nación. Sin embargo, por falta de planificación, muchas veces se encuentran con una muy mala sorpresa al percatarse que en ese nuevo país, no tienen cultura de dicho oficio; ejemplo, el caso de las peluqueras, cantidades de latinas salen de sus territorios nacionales con la convicción de que las mujeres de todo mundo tienen la misma cultura que en sus paises (arreglarse en peluquerias, diariamente o por lo menos cada fin de semana), sin embargo, en algunas provincias de europa y asia, las mujeres no gastan su dinero en lugares de estilismo, con lo cual esa inmigrante que llega a estas provincias con su ilusión a ciegas, definitivamente vivirá una desilusión del tamaño de su falta de planificación.

Las probabilidades de triunfo aumentan considerablemente, desde el mismo instante en que nos tomamos un tiempo para planificar todo nuestro accionar.

## *El PILOTO Y SU COMPAÑERO*

Una vez iba un piloto en una avioneta junto a su compañero de vuelo, por las zonas rocosas y montañosas de una región en américa, estando todo en absoluta normalidad, de pronto el cielo comenzó a nublarse, inició una fuerte lluvia y pasó a caer un torrente aguacero que impedía la visión del piloto, en el momento que trató de realizar una maniobra para esquivar una de las montañas que tenía justo en frente, algo golpeó la hélice de la avioneta provocando un total descontrol, que provocó la caída e impacto de ese vehículo aéreo, afortunadamente tanto al piloto como su compañero no les sucedió nada grave, sólo una simple contusión por el accidente.

Luego de revisar que estaban ilesos, comenzaron a observar la zona, percatándose dónde se encontraban, estaban justo en la parte más alta de la montaña, inmediatamente recordaron que si bajaban toda la montaña, llegarían a un pueblo cercano que los comunicaría nuevamente con la ciudad.

Buscaron sus teléfonos celulares, pero en esa zona no había señal, por ello, ambos decidieron que debían bajar la montaña. Comenzaron a bajar y luego de un largo trecho, visualizaron un camino el cual siguieron, éste los conducía sin mayor perturbación a la base de la montaña, sin embargo, llegó un punto en el que dicho camino estaba bloqueado por unos árboles, justo en ese instante el piloto observó toda la zona y le indicó a su compañero que debían bordear el obstáculo y seguir el trayecto que venían transitando, a lo que el otro sujeto manifestó: ¡no creo que sea lo correcto!, si el destino nos bloqueó el camino, significa que debemos tomar otro rumbo. El piloto le dijo: ¿tú vas a creer en el destino a estas alturas?, debemos usar la lógica, mejor esperamos aquí para planear lo que debemos hacer. Al día siguiente el piloto seguía evaluando la situación, los recursos que tenían y los que podían obtener de la zona, el compañero se hartó y dijo: ¡yo si me voy por este otro camino! cuando llegue al pueblo haré que te rescaten, inmediatamente comenzó a descender y descender, hasta conseguirse con un pequeño riachuelo, y dijo: ¡bingo! Aquí hay agua y por física simple, los ríos siempre van en dirección de descenso gracias a la gravedad, por lo tanto si quiero llegar hasta abajo debo seguir la dirección del río.

El piloto se quedó analizando su entorno, revisó los recursos que tenía a la mano (navaja, celular sin señal y un pequeño termo con agua), bordear el camino le resultaba bastante difícil, sin embargo, no confiaba el rumbo que había tomado su compañero, en ese momento de análisis, se apareció un pequeño mono y al verlo pensó, este animal seguramente me llevará a un mejor sitio, donde por lo menos conseguiré frutos para sobrevivir, efectivamente, el piloto siguió al mono por un camino, que parecía retroceder el paso, iba en ascenso, en vez de descender la montaña.

El compañero continuó el rumbo del riachuelo, hasta conseguir una pequeña caída de agua, al observar pensó que debía seguir descendiendo, mientras más bajara, más rápido llegaría a la base de la montaña, así continuó hasta encontrase con una caída de agua más grande, observó la rama de un árbol y salto hacia ella, se sujetó y pudo llegar a la base de la cascada, prosiguió su camino de descenso bastante corto ya que se volvió a encontrar con una caída de agua mucho más grande, en ese instante dudó un poco, pero observó otra rama de árbol y lo volvió a intentar, sin embargo, esta vez la rama estaba podrida y el hombre cayó abruptamente contra el suelo lesionándose gravemente el tobillo, inmediatamente tomó unas ramas e inmovilizó la zona afectada e intentó continuar, pero la caída de agua que continuaba era una gran cascada que indudablemente no podía saltar, cuando vio hacia atrás, se dio cuenta que no podía escalar las caídas de agua que ya había saltado, estaba atrapado.

El piloto en su estrategia de seguir al mono, se encontró con algunos frutos que lo alimentaron, el mono se le perdió de vista, pero el sitio en el que se encontraba, le daba una vista más amplia de la montaña, analizó los posibles caminos que podía tomar, pero está vez, tomó varios frutos para el trayecto, con unas hojas de árbol y varias ramas creo una especie de sombrilla para evitar los rayos del sol, determinó que solo tomaría pequeños sorbos de agua y descendería solo en áreas verdes, ya que recordaba que la base de la montaña que daba hacia el pueblo tenía vegetación y la parte rocosa era contigua a la zona marítima.

Ya habían pasado 3 días de ese accidente y el muchacho lesionado seguía atrapado entre las dos caídas de aguas, sin alimento alguno, de vez en cuando tomaba algunos insectos que pasaban por ahí intentando comérselos, el piloto siguió su plan, administrando los alimentos y el agua, hasta que por fin comenzó a escuchar el ruido de la población muy lejana, en ese instante se emocionó y continuó con ánimo su plan, evitando las zonas rocosas y siguiendo la vegetación, el camino se le hizo bastante largo, a veces sintiendo que no descendía pero seguro que eso era necesario para llegar al pueblo. En el cuarto día escuchó unos perros y decidió ir a donde estaban, al observarlos, trató de seguirlos por un instante, pero sus fuerzas no daban más, decidió encender la sombrilla que había hecho y al pasar una dos horas, hombres del pueblo observaron el humo, llamaron a las autoridades para que apagaran el fuego, al cabo de algunas horas el piloto fue encontrado, rescatado y llevado a una unidad médica.

El piloto preguntó si su compañero lo habían visto y la respuesta fue negativa, comenzó a gritar desesperadamente que lo buscaran, las autoridades comenzaron una búsqueda intensa, sin ver rastros del compañero, hasta que luego de dos días más, observaron a un individuo acostado entre dos caídas de agua de la montaña, iniciaron el plan de rescate y efectivamente lo lograron, encontrándolo lesionado, bastante débil producto de la desnutrición, deshidratado y casi moribundo.

Finalmente, ambos sujetos con el pasar de los días se reencontraron y cada uno contó su gran aventura en esa supervivencia en la montaña, a cada uno les quedó esa experiencia y ambos valoraron mucho más sus vidas.

En la historia anterior se puede observar como dos sujetos sufrieron el mismo acontecimiento, pero frente al primer obstáculo cada uno reaccionó de manera distinta, el muchacho actuó por impulso mientras el piloto actuó con planificación, con la finalidad de ejecutar el mejor plan de salida. Al final ambos fueron rescatados, pero ¿quién puso más en riesgo su vida?, al punto de empeorar cada vez más su situación, evidentemente fue aquel que no planificó su accionar.

Aunque el piloto no llegó por sus propios medios al pueblo como él lo imaginaba, la planificación que tuvo le atrajo el resultado que quería (así como nosotros atraeremos nuestro éxito), mientras que el compañero que se dejó llevar por el impulso casi encuentra su muerte solitaria.

Muy a pesar de que el ejemplo trata sobre un accidente y una situación extrema, para cualquier objetivo que se pretenda lograr o superar en la vida, es necesaria la planificación, en especial para los futuros inmigrantes que van en busca de una nueva y sobretodo una mejor vida.

# META

La planificación no tiene sentido si no tenemos trazado un objetivo claro.

El inicio de una buena y efectiva planificación, es saber antes que nada ¿qué queremos? de esta forma comenzaremos a buscar los recursos que necesitamos y los pasos que debemos dar para obtenerlo.

La vida resulta más productiva, cuando comenzamos a plantearnos metas, dicho aspecto nos da dirección, nos motiva a esforzarnos cada día, nos otorga claridad, sentido a lo que realizamos y sobretodo nos impulsa a mejorar, con la finalidad de alcanzar lo que anhelamos.

Las personas exitosas no se levantan de sus camas sin saber qué van a hacer, no andan por la vida sin rumbo, su tiempo no se basa en la improvisación, ni en la búsqueda del qué hacer.

El exitoso ya ha planificado a finales de cada año lo que ejecutará al año siguiente, éste ya se ha proyectado 5 y hasta 10 años más de los que actualmente está viviendo, y sobretodo ya ha planeado el día anterior lo que materializará al día siguiente.

Dependiendo de qué tan grande sea nuestra meta, deberemos establecer los tiempos de materialización, es decir, si nuestra meta es algo tan grande que estamos conscientes que en un año es prácticamente imposible su realización, lo que debemos es establecer un rango más amplio de tiempo (5 o 10 años) para su obtención, por lo tanto, el paso siguiente es replantearnos objetivos anuales que conlleven al logro de la meta "final".

Las metas efectivas deben contener ciertas características esenciales para que sean verdaderamente alcanzadas:

**Deben depender de ti**: una meta debe ser planteada en primera persona y para su realización solo se va a necesitar del accionar de un sujeto (TU). Las metas que comienzan con la dependencia de otro sujeto, son las más difíciles de alcanzar, porque no dependen de quien la quiere. Ejemplo: si este año queremos convertirnos en un chef de restaurante y planteamos la meta de la siguiente manera:

-cuando mi amigo compre el restaurante, me convertiré en un Chef-. Indudablemente la meta dependerá si el amigo compra o no el restaurante, con lo cual la meta queda en el aire hasta tanto se materialice la compra. En cambio, si la meta señala: -este año me convertiré en un Chef-; las acciones siguientes dependerán exclusivamente de nosotros.

**Deben plantearse positivamente**: cada meta y objetivo, deben expresarse de forma positiva, esto en razón de varios factores:

i.- científico; estudios han determinado que el pensamiento positivo, influye en el logro del ser humano, la psiquis humana y su sistema nervioso reaccionan a lo que nuestra mente envía no sólo desde el consciente sino desde el subconsciente, las personas estamos diseñadas para comenzar a ganar y no para dejar de perder, no es lo mismo decir "hoy no voy a perder" a decir "hoy voy a ganar", "no soy perdedor" a "soy un ganador"; y, ii.- espiritual: la ley de atracción, el universo y Dios reaccionan a los aspectos que queremos en positivo, la naturaleza se desarrolla a través de los frutos, evoluciona con el nacimiento y colabora con la creación, es decir, todo aquello que desees en positivo, el universo mismo favorecerá para alcanzarlo, mientras que lo planteado en negativo será un trabajo en el que no tendrás ayuda de nada. Por ejemplo, si una persona desea adelgazar, su meta no debe plantearla de la siguiente manera: "este año no seré obeso", la forma efectiva sería: "este año tendré un cuerpo saludable, un físico atlético y una vitalidad gigante".

**Analizar los recursos**: al momento de plantearnos una meta, debemos evaluar los recursos que disponemos y los que nos hacen falta para alcanzar ese objetivo; conocimientos, bienes, dinero, contactos, guías y demás aspectos que influyan en la materialización de la meta. Hasta los aspectos más simples deben ser analizados, ya que todo lo que aporte al logro es importante. Los objetivos no solo se cumplen con la buena intención, sino que además es necesario prepararse para alcanzarlo, si queremos ser un empresario exitoso, no sólo influye que tengamos dinero para crear una empresa, para ello necesitamos entre otras cosas, conocimientos necesarios como planificación, finanzas y gerencia; lo que significa que para obtenerlos debemos prepararnos.

**Proyectarse**: un elemento verdaderamente influyente y determinante para alcanzar una meta, es proyectarse hasta el punto efectivo de logro, se trata de imaginar que ya lo hemos logrado, imaginar la victoria, sentir el momento, visualizar lo que haríamos, escucharíamos, lo que percibiríamos justo cuando alcanzásemos el objetivo. Si logramos proyectarnos, todo eso que sentimos, visualizamos y escuchamos, creará una sensación de seguridad que nos dará impulso para ir en busca de esa gran sensación. Otro elemento favorable de proyectarse de la manera correcta, es que durante esa proyección estamos viviendo exactamente ese momento que tanto anhelamos, lo cual genera en nosotros una creencia absoluta de que es perfectamente alcanzable. Cuando nos enfrentamos a algo que ya sabemos es posible, nuestro sistema nervioso, físico y mental, confluyen con la seguridad necesaria para afrontar el reto sin temor, ya que estamos conscientes que sí se puede.

**Entorno**: debemos evaluar cómo influye el logroen nuestro alrededor (familia, amigos, colegas, pareja, etc.), este es un punto particular, que tiene gran relevancia para algunos y menos para otros, dependiendo de nuestra personalidad y carácter, debemos analizar qué tanto beneficia y perjudica nuestra meta a nuestro entorno, es decir, algunas veces las metas nos alejan por breves o grandes períodos de los seres a quienes estimamos, por ello, desde el inicio debemos estar conscientes de qué sucederá en las relaciones, qué aspectos cambiarán, con la finalidad de estar seguros de los pasos a seguir, en algunos casos para dejar claro al entorno de algunas acciones que tomaremos y con ello evitar afectar radicalmente las relaciones que nos interesan.

Una vez ejecutados los pasos para plantearse la meta, luego de que tengamos claro qué es lo que queremos alcanzar, debemos identificar la meta con gran especificidad, si dejamos una meta abierta, genérica, sin las especificaciones necesarias de lo que realmente queremos, puede ser que se nos otorgue lo que pedimos pero no como lo queríamos.

Escritos antiguos como la Biblia, hacen referencia a varios aspectos que son de vital importancia para la concreción de una meta; la palabra dice: *"pide y se te dará, busca y encontrarás, toca y se te abrirá"* (versículos de Lucas y Mateo), dichas afirmaciones son realmente ciertas, efectivamente desde el momento que pedimos se nos dará, en el instante que comenzemos a buscar encontraremos y cuando llamemos seguramente se nos abrirá, lo que ocurre mayormente es que tenemos un problema no con el ¿qué pedimos? Sino con el ¿cómo lo pedimos?, por ello, es sumamente importante entender que debemos aprender a saber pedir.

Un hombre que pide: quiero tener más dinero, con un centavo demás que caiga a su bolsillo, ya se le ha cumplido la petición, una mujer que pida: quiero adelgazar, con un gramo que adelgace, ya se le ha cumplido su petición. Ahora, ¿estas personas quedarán satisfechas con ese centavo de más o con ese gramo menos? es evidente que no estarán muy contentas que digamos.

Es el caso del niño que le dice a su padre: ¿Papá me dejas ver la televisión? Y el padre le contesta: ¡si claro! ¡pero no la enciendas!. Quizás para muchos sea obvio que el niño cuando pide autorización para ver la televisión, se supone que se trata de encenderla para ver los canales que le gustan, pero ese ejemplo es demostrativo, que a la hora de pedir no debemos suponer que nos están entendiendo. Ese niño que se vio frustrado ante la respuesta de su padre, se llevó una lección, que al otro día le obligó a replantear su petición: ¿Papá me permites encender la televisión, para ver los canales que me gustan, hasta que toque la hora de almorzar? Ante dicha interrogante al padre no le queda más remedio que responder con un sí o un no, y dependiendo de la respuesta, el niño buscará las formas para ganarse el tan anhelado sí (arreglar su cuarto, dejar la tarea lista, ayudar en el hogar, para que indudablemente no haya ninguna excusa para negarle lo que ha pedido con gran especificidad). De la misma forma debemos hacerlo nosotros, ser específicos en lo que queremos e ingeniárnosla hasta alcanzarlo.

Teniendo clara y bien definida la meta, debemos plantearnos los objetivos generales y específicos, estos son de gran importancia para el avance del ser humano, ya que cada objetivo que cumplimos durante el camino, nos da impulso para continuar el recorrido, diseñar varios objetivos que conlleven a la materialización de la meta, provocarán en nosotros un sentimiento de avance y progreso.

Si trazamos solo la meta y ésta la planeamos en un lapso de un año, sin especificar objetivos, los 11 meses anteriores al cumplimiento de la misma, no observaremos si estamos encaminados o estancados, en cambio si planteamos objetivos específicos y uno a uno vamos resaltando los que vamos cumpliendo para llegar hasta el tan ansiado objetivo final, generará una sensación de avance que nos alentará a seguir luchando. Los objetivos son el camino a seguir, y con cada objetivo cumplido, nos percataremos por dónde va nuestro avance, generando satisfacción y actitud triunfadora en el transitar.

## EL DESPERTAR DE UN SUEÑO

Había una vez un niño alegre, juguetón y soñador, que asistía a su escuela con gran entusiasmo por aprender y disfrutar con sus amigos, este niño tenía un sueño que era convertirse en médico, con la finalidad de ayudar a las personas sanando sus enfermedades.

Los años pasaron y el niño se convirtió en adolescente, su sueño varió ya que ahora quería ser un soldado para defender a su Nación, sus gustos cambiaron y deseaba terminar los estudios para ingresar a la academia militar.

El joven se hizo hombre antes de culminar la secundaria, producto de la inmadurez e inexperiencia embarazó a su novia, siendo un muchacho responsable, comenzó a trabajar con la finalidad de atender las necesidades de su compañera y la de su futuro hijo.

Así pasaron unos cuantos años, el joven se convirtió en un hombre y siguió dedicado a cumplir con sus responsabilidades, cada día se levantaba para cumplir con su trabajo, cobrar su sueldo y entregarlo al hogar para cubrir cada uno de sus deberes.

Este hombre con cada día, mes y año que transcurrían, su ánimo iba decayendo, su vida era una monotonía total, a pesar de las alegrías que tenía por eventos que ocurrían con sus hijos y mujer, de igual forma reflexionaba y sentía que no estaba vivo, su vida era la de un autómata que hacía una y otra vez lo mismo sin motivación alguna, solo para cubrir necesidades.

Una tarde cuando salía de su trabajo e iba en dirección a su hogar, observó un cartel que decía: "estamos en busca de hombres y mujeres dispuestos a defender a su ciudad, necesitamos personas vigorosas menores a 35 años para que ingresen a la academia de policía de la ciudad", el hombre sintió un cosquilleo que le generaba algo de ilusión, sin embargo, ya tenía 34 años de edad, sentía que ya su tiempo había pasado y que debía dedicarse a su familia.

Al llegar a su casa le comentó a su esposa lo que había observado en el cartel, inmediatamente ella se contentó, le insistió que lo hiciera, nada perdía con intentarlo, pero el hombre tenía muchas dudas. A la noche siguiente cuando se disponían a sentarse para cenar en familia, la esposa y los niños sacaron un cartel en el que escribieron, PAPÁ NUESTRA FELICIDAD ES QUE CUMPLAS TUS SUEÑOS, QUEREMOS A UN POLICÍA QUE NOS PROTEJA.

El hombre no aguantó la emoción y luego de abrazar a su familia comenzó a llorar, se trataba de un sueño que había olvidado producto del día a día que poco a poco fue apagando el fuego interior que tuvo durante su desarrollo (esa llama que provoca despertarse cada día con entusiasmo para ir en busca de lo que anhelamos), él quería ser un agente de seguridad, y vio una luz que permitiría lograrlo, su familia lo apoyó y por ello, el hombre aceptó el reto de intentarlo.

Al día siguiente se levantó de madrugada aún bastante oscuro, tomó la Biblia y oró por un buen rato, luego comenzó a realizar ejercicios para retomar su condición física, la esposa se despertó y al verlo sudado le dijo que primera vez que veía tanto ánimo en él, se sonrió y fundidos en un abrazo, ambos se expresaron todo lo que se amaban, ella llorando de la felicidad lo tomó de la cara y le dijo: si hubiese sabido que esto era lo que tanto anhelabas y le daría un segundo respiro a tú vida, hace años que hubiese tomado las riendas del hogar, para que fueras en busca de tú sueño.

El hombre se alistó y fue a inscribirse a la academia, le hicieron algunas pruebas teóricas las cuales aprobó con gran calificación, le manifestaron que en 15 días debía realizar la evaluación física. Al llegar a casa les comentó a todos que había aprobado la fase teórica y que ahora se acondicionaría para estar en buen nivel para el examen físico.

Cada día se levantó de madrugada oraba a Dios y realizaba ejercicios de acondicionamiento físico, algunas veces preparaba el desayuno y esperaba a su familia en la mesa para comer, sus días se convirtieron de un día para otro, en los mejores días de su vida, ese sueño provocaba en él un ánimo indescriptible, por fin tenía un motivo propio para despertar y luchar por una meta, ya no se trataba de meras responsabilidades sino de algo anhelado.

Al fin llegó el día de la prueba física, el hombre se levantó aún mucho más temprano, pero para su sorpresa la familia lo esperaba despierto para orar juntos, el hombre respiró profundo y les agradeció todo lo que habían hecho por él, juntos oraron, le desearon suerte a papá y le transmitieron toda su confianza.

Llegó el momento de cenar y aún no llegaba papá, la esposa preocupada por lo que sucedía, escuchó repicar el teléfono, lo atendió y al colgar quedó en shock: "papá debe quedarse esta noche en la academia, porque fue el mejor de todos en ambas pruebas, están muy contentos con él y quieren que avance lo más pronto posible", que felicidad para toda la familia.

Al día siguiente llegó el hombre a su casa, todos lo felicitaron y desde ese día, la vida cambió por completo para aquel hombre que repercutió en una mejor convivencia familiar.

En pocos meses, el hombre ascendió, y cada día de su vida se levanta con gran ánimo, para orar, ejercitarse, desayunar con su familia y proteger con entusiasmo a su ciudad.

Con este pequeño ejemplo, podemos observar como una meta puede cambiar nuestras vidas, nos otorga dirección, ánimo y motivación para levantarnos y luchar cada día por lo que realmente queremos.

# ENFOQUE Y DISCIPLINA

Una vez diseñada con gran especificidad la meta y los objetivos específicos que debemos cumplir para lograr el tan anhelado sueño, es necesario que incorporemos el autoenfoque. Así, tal cual como las nuevas cámaras de los smartphones que tanto nos gustan, de igual forma tenemos que actuar para alcanzar nuestras metas, saber que hay un entorno alrededor de nuestro objetivo que debemos tratar de difuminar, con la finalidad de estar siempre enfocados en la meta.

El enfoque es de las herramientas más valiosas que tiene todo sujeto exitoso, cuando se proponen lograr un objetivo, no hay elemento externo que perturbe su camino hacia ella. Algunas veces, se presentan circunstancias que pretenden detener nuestro avance o buscan desviar nuestra atención en asuntos que necesariamente debemos resolver, sin embargo, cuando estamos realmente enfocados, solucionamos el percance y seguimos nuestro camino hacia la meta, cuando no lo estamos, esa distracción hace que olvidemos nuestro norte y comenzamos a vagar o a replantearnos los objetivos.

Por ello, el enfoque debe ir de la mano conjuntamente con la disciplina ¿por qué?

Porque la disciplina es el hábito elemental para atraer el éxito y todo lo que requiramos en la vida, es el fundamento tangible generador de logros, ya que depende inexorablemente de las acciones que tomemos en nuestro día a día.

La disciplina consiste en hacer todos los días cada una de las tareas que programamos, para cumplir los objetivos que nos trazamos y de esta forma lograr la meta que deseamos.

Por esta razón cuando nos encontramos enfocados sentiremos que nada nos distrae, estamos seguro a dónde vamos y por qué lo hacemos, sin embargo, durante el camino pueden surgir algunas situaciones perturbadoras, las cuales pudieran requerir de nuestra atención para ser resueltas. No obstante, existe un mecanismo que nos permite resolver las circunstancias sin dejar de avanzar hacia la meta, y no es más que la disciplina.

Hacer exactamente lo que nos corresponde cada día según nuestro plan y una vez culminado, podemos dedicarnos a la resolución del percance que ha surgido, de esta forma jamás dejaremos de avanzar.

Cuando nos planteamos objetivos, debimos identificar algunas tareas que tenemos que realizar, por lo tanto dependiendo del evento que nos haya surgido y del tiempo que requiramos para solucionarlo, entonces deberemos reestructurar las tareas que podamos ejecutar por día, si el problema nos lleva mucho tiempo o es una eventualidad bastante compleja y delicada, entonces culminaremos las tareas más sencillas y rápidas, para liberar la mayor cantidad de tiempo posible que nos permita resolver este asunto tan importante.

Durante la eventualidad quizás no pensemos en la meta, con lo cual habremos perdido por ese instante el enfoque, pero si somos disciplinados (cumpliendo tareas), sin darnos cuenta estaremos avanzando hacia ella y en el momento que resolvamos lo que nos perturbaba, tendremos conciencia que seguimos cumpliendo nuestros deberes, lo cual hará que retomemos el enfoque y lo más grandioso, sin haber dejado de avanzar.

Las maneras más efectivas de avance, es a través de la culminación de tareas, si cada día nos proponemos empezar y terminar por lo menos una tarea completa y nos dedicamos a trabajar quizás como es reseñado en el libro sagrado (6 y 1) (seis días de trabajo por uno de descanso), en una semana ya tendremos 6 tareas totalmente culminadas, 24 en un mes y 288 tareas terminadas al año (imaginemos sin en vez de 1 culminemos 2 o 3 más, sería estupendo).

Uno de los problemas del ser humano es que no se interesan en culminar por lo menos una tarea en su totalidad, cada día se dedican a trabajar en muchas, al otro día prosiguen, así sucesivamente hasta que al final de la semana o del mes, algunas tareas fueron terminadas, otras incompletas, unas desechadas y otras extraviadas.

Si comenzamos a establecer como hábito la culminación de tareas diarias, ejecutándolo disciplinadamente, ello nos conllevará al cumplimiento de objetivos que coadyuvarán al logro de la meta.

Siendo así, el enfoque será nuestro aspecto mental y espiritual que nos motivará a levantarnos cada día para lograr el tan anhelado sueño y la disciplina será nuestro elemento material de acción que lo materializará.

Para saber cuáles tareas debemos hacer cada día, tenemos que tener claro qué necesitamos para avanzar, por lo tanto, es tan sencillo como -tendremos que hacer lo que tenemos que hacer-. Ejemplo: si nuestro sueño es tener nuestro propio restaurante en el país que pensamos vivir, ¿cuáles serían esas cosas que debemos conocer? Serían: cocinar, manipulación de alimentos, técnicas de cocina, reglas y normas del país destino, productos propios del país, requisitos para tener el restaurante, los lugares ideales para establecer el restaurante, etc.

Las tareas serían aprender a cocinar, manipular alimentos, investigar las normas del país destino, investigar sus productos, los requisitos, contactar a personas que ya estén allá, leer, investigar, buscar las certificaciones que tengamos o podamos obtener concerniente al arte de la cocina, verificar los ahorros, proyectar los ingresos que necesitamos para establecer el restaurante y determinar las tareas subsiguientes para lograr los recursos que nos permitan adquirir el restaurante (trabajos, préstamos o asociaciones).

Una vez tengamos identificadas las tareas a realizar, debemos establecer las prioritarias y las ejecutables en la actualidad, y posteriormente, continuar con las restantes.

## UN ANCIANO VALIOSO

Se cuenta en la historia de un pequeño pueblo ubicado al sur de la Patagonia que existió un joven que se levantaba todos los días gritando a la naturaleza que algún día lograría convertirse en un astronauta, todos los del pueblo lo llamaban "el loco".

Una vez el joven comenzó a construir con restos de madera un artefacto que replicaba un cohete, al terminarlo lo colocó al frente de su casa y dijo que representaba lo que él algún día alcanzaría.

Luego de varios años, aproximadamente unos 50, una excursión llegó a ese pueblito, los estudiantes recorrieron la Patagonia, encantados por su grandeza y hermosura, sin embargo, uno de los estudiantes se distrajo y se extravió, estando rodeado de vegetación no sabía qué hacer, al pasar algunas horas comenzó a llorar desesperado, sentía que nadie lo rescataría, pero justo cuando estaba en su llanto más profundo, sintió la mano de una persona en su hombro, se asustó por la sorpresa, pero inmediatamente se percató que era un anciano. Este viejito viendo como estaba le preguntó: ¿Qué haces aquí sentado? y ¿por qué estás llorando?

El joven le respondió: lo que ocurre es que yo vine con una excursión y encantado con la naturaleza me distraje, ahora estoy perdido.

El anciano: está muy bien, pero aún no me respondes las preguntas. Por lo menos dime ¿por qué llorabas?

El joven: me sentía perdido

El anciano: eso no es motivo para llorar, piensa muy bien ¿por qué llorabas?

El joven reflexionó y dijo: pensaba que más nunca saldría de aquí y que no iba a ver más a mi familia, tantas cosas que me faltan por hacer y sueños por cumplir.

El anciano: ¡excelente! esos si son motivos válidos para soltar algunas lágrimas, antes de irnos ¿quisieras que te dé algunos consejos?

El joven ya más tranquilizado respondió: ¡seguro!

El anciano: lo que te acaba de suceder, fue una práctica muy corta de lo que sucede durante la vida, viniste con un objetivo que era conocer la Patagonia con tus compañeros, sin embargo, por la majestuosidad del ambiente, te dejaste envolver hasta perder el enfoque, a tal punto, que ya ni sabías dónde te encontrabas.

En la vida cuando tengas que cumplir objetivos no puedes desenfocarte, porque la vida seguirá su curso y podrías perderte de lo que viniste a hacer, te puedes desenfocar por cosas hermosas, como también te puedes perder por algunos problemas, mientras mantengas tu norte fijo nada ni nadie te perturbará.

Ahora, con el miedo que te paralizó, te digo que eso te pasó, porque aunque tenías un objetivo, no te preparaste ni planificaste para ello, viniste de aventura, pero no investigaste como era el lugar, ante los percances ¿qué podías hacer?, ¿cómo resguardar tu vida?, en razón de ello, no te quedó más remedio que sentarte y ponerte a llorar.

En la vida quienes nos preparamos y planificamos, los percances que surjan pudieran ser transformados en oportunidades, sortearlos o por lo menos intentarlo, quedarse sentado esperando a que alguien te rescate es lo más lejano a superarte.

Por último, me comentaste que llorabas por los sueños que no ibas a poder alcanzar, ¿cuál es el sueño más grande que tienes y anhelas?

El joven: mi más grande sueño es convertirme en... ¡el mejor científico del mundo!

El anciano: ¡caramba! y ¿qué piensas hacer?

El joven: ¡me enfocaré como usted me dijo y no perderé mi norte hasta alcanzarlo...!

El anciano: jajajaja eres un buen muchacho, sin embargo te digo, que yo un día también tuve tu edad y sin que nadie me lo dijese, siempre tuve como norte cumplir mi sueño, siempre estuvo en mi pensamiento, era mi motivación para levantarme todos los días, pero la vida te presenta algunas circunstancias que debes resolver durante el camino: te enfermas, se enferman los tuyos, te roban, te pierdes, te endeudas, en fin te distraen así no lo quieras.

El joven preguntó: ¿entonces cumplió su sueño?

El anciano con gran tristeza: ¡No! No porque haya perdido mi enfoque, sino porque fui un indisciplinado, solo me dedique a gritarle a todos lo que sería, pero no me planifiqué, no trace mis objetivos, deje de cumplir las tareas para llegar hasta ese gran sueño, cuando me distraía por los problemas de la vida, dejaba de estudiar, de leer, de continuar con el avance, así fueron pasando los años, uno tras otro; porque en la vida se pueden perder muchas cosas que son recuperables, pero el tiempo jamás lo podrás recuperar. Un día me enamoré y me embelesé al punto de mandar todo al basurero, esa relación duró 10 años, que dio como fruto a mi hermosa hija, sin embargo, fueron años en los que dejé de avanzar hacia mi sueño. Por eso te digo que, si esperas resolver tus problemas para continuar en la búsqueda de tu sueño, pasaran muchísimos años y quizás nunca puedas avanzar, porque los problemas siempre estarán a la vuelta de la esquina, si te distraes con gran facilidad, atrasarás aún más ese sueño y si no eres disciplinado cumpliendo las tareas que debes realizar y los objetivos que te has planteado, jamás alcanzarás ese sueño.

¡Ven, levántate!, vámonos a casa, cuando estemos en el pueblo buscaremos a tu grupo.

El joven y el anciano llegaron al pueblo, avisando a las autoridades que el muchacho estaría en la casa del anciano, al saber de quien se trataba, las personas le recomendaron al joven que se quedarán con ellos, ya que el señor tiene fama de loco, no obstante, el joven respondió que estaría seguro, ya que el anciano era su héroe.

Al dirigirse a la casa del anciano, el joven le preguntó: ¿Por qué le dicen loco?

El Anciano se río y respondió: porque es lo que soy y siempre seré, un loco soñador.

Cuando llegaron a la casa del anciano, el joven quedó impactado con la majestuosa obra hecha de madera que tenía frente a su casa y exclamó: ¡wuaaaaoo! Que hermosa estructura, es el cohete más increíble que he visto en mi vida, ¿Quién lo hizo?

El anciano respondió con gran emoción y nostalgia: ¡no importa quien hizo la maqueta, lo realmente importante es si ese alguien logró materializarla!, de qué vale una meta, una planificación con gran enfoque, todo un sueño hermoso, si no serás disciplinado para avanzar.

¡Ahora tómate este vaso de agua y esperemos a tus compañeros!

El enfoque evita distracciones pero la disciplina provoca el avance.

Ahora bien, una vez señalados los aspectos anteriores concernientes al autocontrol, planificación, meta, enfoque y disciplina, debemos destacar que todos éstos, son elementos primordiales que debe poseer cualquier sujeto que pretenda atraer el éxito a su vida, sin importar lo complejo del sueño, la clase de meta trazada, ni la característica o tipo de circunstancia en la que se encuentre.

Aunado a ello, existen elementos especiales que debe poseer todo sujeto que pretenda ser exitoso lejos de casa, lo que nos lleva a entender que debemos incorporar a nuestro camino las bases generales anteriormente desarrolladas, y a partir de ahora desarrollar los aspectos particulares que nos llevarán al encuentro con el éxito desde la condición de inmigrante.

# RECONOCIMIENTO Y OFRECIMIENTO

En este punto debemos realizar una introspección que permita reconocernos a nosotros mismos, lo ideal es realizar esta modalidad antes de partir al nuevo destino, es decir, previamente al encuentro con ese nuevo territorio, sin embargo, si ya nos encontramos en tierra extranjera, de igual forma podemos y debemos hacerlo, es un ejercicio simple, que consiste en responder la siguiente interrogante ¿quién soy?

Reconocernos es la forma más sencilla de saber qué haremos en el nuevo lugar y por lo tanto qué cosas debemos consolidar y qué otras deberemos mejorar para triunfar. Todo ello, desde el aspecto netamente productivo, en esta etapa no nos enfocamos en lo emocional, se da por entendido que llegados a esta fase, ya venimos trabajando en el autocontrol, que aunque a alagunos les parezca algo sin importancia, se trata de un elemento esencial para triunfar en el nuevo mundo. El siglo pasado nos mostró como dentro del campo laboral los parámetros de selección, consistían en captar a las personas con más alto IQ -Inteligencia Racional-, la dinámica industrial requería de sujetos con mayor conocimiento para lograr el desarrollo de sus empresas. Es a partir de este nuevo siglo, con la llegada de las tecnologías y las redes sociales, las grandes empresas del mundo han modificado su perspectiva, resultando de mayor interés aquellos sujetos que tienen capacidad de atraer masas a través del contacto directo con sus clientes, teniendo ahora mayor peso para la selección, un nivel alto de EQ Inteligencia Emocional, por ello, lo fundamental del desarrollo del autocontrol y dominio de las emociones, siendo un elemento importantísimo tanto para la vida cotidiana como para el campo laboral.

Ahora bien, en cuanto al reconocimiento, debemos comenzar, primeramente especificándo cuáles son nuestros conocimientos: ¿qué hemos estudiado?, ¿qué hemos aprendido?, ¿en cuáles lugares hemos trabajado?, ¿Cuál es nuestra profesión?, ¿Cuál es nuestro oficio u oficios? A qué nos dedicamos, en qué áreas nos desenvolvemos.

Seguidamente debemos establecer, cuáles son nuestros gustos: si trabajar como autónomo o ser parte de una empresa, trabajar en oficina o en cielo abierto, cumplir horario o manejar nuestro propio tiempo, mantenernos en un sitio fijo o recorrer las calles con dinamismo, etc.

Posteriormente, debemos descubrir y enumerar nuestros talentos: soy buen escritor, buen orador, buen administrador, buen gerente, efectivo, cumplo las tareas, sociable, cómico, agradable, simpático, motivador, dinámico, detallista, etc.

De seguidas, debemos traer a la mesa la meta que nos hemos propuesto y determinar, dónde están nuestras debilidades que pudieran evitar que alcancemos ese gran objetivo, haciendo una comparación con cada una de las áreas anteriormente señaladas y determinar las posibles soluciones.

En cuanto al conocimiento, debemos desglosar cuales nos hacen falta para avanzar hacia la meta y determinar cuales podemos adquirir a través de cursos, estudios oficiales, audio libros o quizás a través de algunas lecturas que podamos obtener actualmente o más adelante.

Respecto a los gustos, para alcanzar la meta quizás tengamos que aprender a soltar algunos en un principio con la finalidad de avanzar en la nueva tierra y luego retomarlos cuando estemos cumpliendo el sueño o quizás tengamos que erradicarlos del campo laboral y satisfacerlos a través de actividades extras o convertirlos en hobby.

No siempre comenzaremos nuestro camino satisfaciendo todos nuestros gustos, quizás nos guste trabajar con muchas personas, en razón de la sociabilidad que nos caracteriza, pero comencemos a trabajar en un depósito completamente solos, por lo tanto tenemos dos opciones: 1) esperar hasta lograr nuestros objetivos para incorporar personal a nuestra meta, o 2) en el camino realizamos actividades de esparcimiento que incluya grandes cantidades de personas y con ello satisfacemos la necesidad de socializar a través de un hobby.

Por último, respecto a los talentos tenemos que aprender a reconocer que no somos perfectos, por lo tanto, en razón del sueño que buscamos materializar, tenemos que descubrir dónde están nuestras falencias. Por ejemplo: si queremos ser cantantes famosos, a pesar de que creamos que ya somos unos artistas integrales, quizás nuestro talento sea cantar, pero tengamos que mejorar en el performance, conexión con el público, desarrollar el acercamiento con la industria musical, mejorar nuestra imagen, y a pesar de lo hermoso que cantemos, si somos objetivos, quizás tengamos que mejorar aún más nuestra melodía, entonación o cualquier otro aspecto elemental dentro del canto. Por ello, debemos saber reconocer todas nuestras debilidades, con la finalidad de estar en constante mejoría.

Una vez reconozcamos quienes somos: nuestras fortalezas, debilidades, talentos, falencias, conocimientos y gustos, a partir de ahí comenzaremos a crear al sujeto ideal (nosotros mismos) que materializará el gran sueño, con lo cual debemos perfeccionar sus fortalezas, disminuir y si es posible erradicar sus debilidades, actualizar sus conocimientos y buscar la satisfacción de sus gustos.

Pero como el mundo no se trata exclusivamente de lo que queremos, ya que no gira con preferencia alrededor de nosotros. Entendiendo que apenas somos una parte microscópica de todo un universo (sin caer en fatalismos o degradaciones), el ser humano debe aprender a valorarse desde lo macro pero también desde lo micro, es decir, cada sujeto en sí mismo es un ser excepcional que puede lograr absolutamente todo lo que se proponga, por cuanto estamos hechos a la imagen y semejanza de Dios, lo cual nos asegura la victoria, sin embargo, tambien tenemos que tener en cuenta que convivimos con otros seres vivos, igual de importantes para el universo como lo somos nosotros y por lo tanto la interacción debe fluir con efectividad para que nuestro entorno mejore, por ello, si queremos que el mundo nos reconozca, entonces ¿qué le ofreceremos al mundo?.

El inmigrante debe estar consciente que llegará a una nueva tierra y que este nuevo sitio no tiene por qué recibirlo con los brazos abiertos, como el sujeto más importante del mundo o imprescindible para su sociedad. Debemos estar conscientes que en nuevas tierras, nos verán unos con lastima otros con rabia, algunos nos juzgaran como emprendedores otros como intrusos, algunos nos verán como competencia otros como estorbos. Entonces para avanzar en nuestro camino inteligentemente, debemos tener muy claro qué le ofreceremos a esa nueva tierra.

Nosotros vamos en busca de un sueño en un territorio al que no pertenecemos, es decir, estamos en busca de un beneficio para nosotros. Desde el ámbito productivo económico, se trata de oferta y demanda, dar y recibir, por lo tanto, si nosotros nos beneficiaremos logrando nuestro sueño en este nuevo país, ¿qué le ofreceremos a esa nueva tierra mientras alcanzamos ese anhelado sueño?

Una de las formas más efectivas de avanzar e ir escalando posiciones, es conociendo con anticipación qué podemos ofrecerles a ese nuevo lugar al que llegaremos o en el que ya nos encontramos.

Este es el punto donde debemos desprendernos de los pensamientos filosóficos, religiosos, espirituales, humanitarios y de bondad.

En esa nueva tierra no tienen por qué abrirnos los brazos, decirnos bienvenidos a su nuevo hogar hagan lo que les plazca. Por muchas necesidades que tengamos, problemas que hayamos pasado o afectaciones que tengamos en nuestro territorio, el nuevo lugar no tiene por qué prestarnos toda la ayuda que necesitemos a cambio de nada, por una razón elemental, al país al que estmos llegando también tiene sus propios problemas y así como nosotros no somos culpable de lo que nos sucedió en nuestros países, que nos obligó a salir en busca de una mejor vida, el nuevo territorio y sus residentes tampoco lo son y no tienen por qué asumir una carga que no le corresponde.

¡Sí! quizás todo lo anterior parezca bastante crudo, tal vez sea irritante, inhumano y quizás no sea lo correcto, pero en la vida debemos prepararnos para afrontar cada reto y circunstancia que se nos presente, si vamos a un nuevo destino a ciegas en busca de bienestar por convicción humanitaria, pueden pasar dos cosas: que tengamos la suerte y bendición de conseguirla o tal vez nos encontremos con un muro sólido que nos golpee tan duro que pueda quebrar hasta nuestros huesos.

Entonces, si tuviésemos que elegir, de qué forma llegar al nuevo destino, resulta preferible ir con una herramienta que nos ayude a derrumbar cualquier muro que nos pudiera frenar (si por casualidad se nos presentaré), que ir a ciegas y estrellarnos contra él, y si por alguna razón ese bloqueo nunca nos llegase a aparecer, pues bendita sea la humanidad y el humanismo que nos permitirá avanzar sin mayor dilación.

La herramienta para derrumbar el muro del rechazo, la falta de oportunidades, la exclusión, el temor, entre otras muchas cosas que pudiera sentir la nueva sociedad hacia nosotros, es el ofrecimiento, ¿Qué le ofrecemos? ¿Qué aportaremos? ¿Cómo se beneficiará esa nueva tierra con nuestra llegada?

Estos son puntos que algunos los resuelven rápidamente con recursos económicos, si eres un empresario en tu país y deseas alojarte en nuevas fronteras, pues tu ofrecimiento será crear una empresa que produzca bienes o servicios y que además ayudará a combatir el desempleo.

Sin embargo, existen otros inmigrantes que van en busca de mejorías económicas, con lo cual no tienen como ofrecer recursos monetarios, pero si ejecutó con gran precisión el paso del reconocimiento, sabrá extraer algo valioso que ofrecerle a esa nueva tierra.

Las ganas de trabajar no es un elemento cautivador para una sociedad nueva, ya que si bien es muy beneficiosa al momento que consigues un trabajo, no es un elemento especial que destaque sobre los demás en un primer acercamiento. Por lo tanto se trata de un ofrecimiento cautivador, que además esté de la mano con la meta o sueño que nos hemos trazado.

Supongamos que deseamos cumplir el sueño de tener un restaurante propio, mientras lo logramos, le ofrecemos a esa nueva tierra, un individuo con conocimientos de cocina, que además adora cocinar para los demás, crear nuevos platillos, satisfacer a sus clientes, endulzar paladares, cautivar con sus presentaciones, alegrar a las personas mediante el gusto y en definitiva ofrecer enamorarlos con una cocina que respetará los sabores que más les agrada a esa sociedad pero con elementos creativos propios a través de ingredientes diferentes que aún sus paladares no han disfrutado.

Por ello, es importantísimo reconocerse antes de enrumbarnos a un nuevo destino, y verificar si efectivamente tenemos algo que ofrecer, si en nuestro país de origen nunca hicimos nada (no estudiamos, no nos preparamos, no aprendimos un oficio, no tenemos dominio de algún arte o deporte), es decir, perdimos nuestro tiempo (sin importar las excusas o motivos), pues comenzar de cero en otro país no es que vaya a ser imposible, pero la verdad es que será aún mucho más difícil. Debemos recordar que la vida no es complicada, somos nosotros quienes nos enredamos con nuestras acciones u omisiones.

## *EL BUEN PREGONERO*

Se cuenta la historia de un hombre que creció y se desarrolló en un pueblo llamado el rincón ubicado en el oriente de su país en el continente africano, este hombre producto de la pobreza y las necesidades que había en su hogar, tuvo que dejar la escuela desde muy niño para dedicarse a plenitud al trabajo, con la finalidad de ayudar a su familia (vivía con su madre y 8 hermanos menores), a los que ayudó para que no dejarán de comer ni de estudiar.

Este hombre realizó diversos trabajos, vendió frutos, limpió zapatos y finalmente se convirtió en el pregonero de la ciudad, todas las madrugadas se levantaba para buscar el periódico que vendería durante todo el día, pero antes de comenzar la jornada leía todas las noticias, estaba muy bien informado de los acontecimientos nacionales e internacionales, economía y deporte, se aprendía hasta el horóscopo del día.

Los transeúntes disfrutaban comprar y conversar con aquel hombre, que a pesar de sus pocos estudios, tenía una gran capacidad de comunicación, buena oratoria y sobretodo conocimiento del acontecer diario.

Hubo un tiempo que producto de una epidemia terrible que surgió en ese pueblo, tuvo que mudarse a otro lugar junto a su familia, una gran ciudad, era otro ambiente, otra dinámica, mucho más veloz y debía comenzar a trabajar.

Rápidamente consiguió varios trabajos, hasta que por fin logró convertirse en el pregonero de esa gran ciudad, de la misma manera comenzó a demostrar su talento, y todos los ciudadanos empezaron a disfrutar de su valioso oficio, sobre todo por su personalidad y modismo para ejecutarlo.

Sin embargo, surgió una época llamada la oscuridad en todo ese

gran país, la pobreza, enfermedades, inseguridad y falta de oportunidades obligó a este hombre a tener que cruzar fronteras. Se
fue con gran nerviosismo y nostalgia, no obstante, reflexionó que
en cualquier país debían querer estar actualizados con la noticia, por lo tanto él estaba consciente de lo talentoso que era para
realizar su trabajo, elevo su entusiasmo, su ímpetu y esperanzas,
al llegar al país se dedicó a leer cada uno de los periódicos, para
aprenderse el dialecto, el nombre de las ciudades, su economía,
política, deportes y hasta la forma en que presentaban el horóscopo.

Este hombre con humildad y gran educación empezó a vender
sus periódicos, relatando las noticias, preguntando el signo de las
personas y pronosticándoles un gran día, rápidamente la gente de
la ciudad a pesar de que en un principio sintieron algo de rechazo,
comenzaron a apreciarlo, les gustaba su forma, su personalidad y
sobretodo su amabilidad.

Al pasar el tiempo todos comenzaron a llamarlo el buen pregonero, su fama comenzó a difundirse por toda la ciudad, gente de
otras zonas, venían de muy lejos, solo para comprar el periódico
a este gran personaje, las compañías comenzaron a darse cuenta
de todo este revuelo por "el buen pregonero", una agencia de noticias, le hizo una entrevista, se hizo popular en ese país, personas
de otras provincias del país cuando viajaban a esa ciudad tenían
una parada fija, para visitar al buen pregonero, este hombre se
había convertido en toda una atracción turística.

Ese hombre aprovechando su fama, solicitó un préstamo el
cual se lo aprobaron de inmediato, ya que quería establecer un
kiosco donde pudiera tener su punto de venta fijo, el negocio creció tan rápido que ahora no solo es un kiosco, es una gran tienda
que no solo vende periódicos sino libros de toda clase de lite-
ratura, este hombre acostumbra a leer mucho, para establecer
profundas y buenas charlas con sus clientes, los cuales disfrutan
mucho de esa gran tienda llamada "el buen pregonero".

El fenómeno del buen pregonero ha sido tan famoso, que su
familia logró verlo por las noticias internacionales, la gente de
su pueblo "el rincón" hoy día se sienten orgulloso, de ese valioso

joven que los representa con orgullo en otras fronteras.

La anterior historia nos permite evidenciar, como un sujeto, sin importar sus circunstancias, puede triunfar, si reconoce quién es y ofrece lo mejor de él a los demás, relatos como el anterior hay miles en todo el mundo, el logro no sólo se alcanza en la busqueda y pedimento, sino también por la entrega y el ofrecimiento.

Se dice que quien más da, es quien más recibe. Eso sí, no siempre se recibe de la misma persona a quien se le da, pero definitivamente de algún lugar saldrá la cosecha que sembremos.

# ADAPTABILIDAD Y CREATIVIDAD

Si hemos llegado con efectividad a este punto, es importante destacar que si vamos en busca de un nuevo lugar para lograr nuestras metas y sueños, sin importar las razones que nos han movido, es primordial y vital la adaptabilidad.

Adaptabilidad es la capacidad que debe tener todo sujeto frente ambientes nuevos, con la finalidad de no perturbarse a sí mismo ni a los demás.

Debemos entender que el rumbo al que llegaremos será un lugar ajeno a nosotros, con algunas o muchísimas diferencias respecto al sitio del que venimos, aunado al hecho que como inmigrantes somos visitantes que pretendemos hacer de un hogar ajeno nuestro propio hogar, además, es una morada que ya está habitada, con dueños originarios, con sus propias reglas, normas, costumbres, creencias y gustos, lo cual por principios mínimos de convivencia necesariamente debemos algunas aceptar y otras respetar.

Cada inmigrante está sumamente claro del deber que tiene de respetar las costumbres y reglas del sitio al que está llegando, no obstante, existen dos clases de inmigrantes: 1.- los que añoran su lugar de origen, no aceptan las nuevas costumbres, a pesar de que las respetan al mismo tiempo las rechazan, se quejan de la sociedad y el ambiente en el que se encuentran, no obstante, por obligación se mantienen en ese nuevo sitio, esperando alguna oportunidad para regresar a su país y 2.- están los que aman a su país de origen, lo piensan con gran nostalgia, sin embargo, respetan las normas del nuevo lugar, procuran involucrarse en sus costumbres y tratan de ajustar sus gustos con los de la nueva sociedad.

La adaptabilidad no tiene por qué reflejarse como un rechazo a nuestros orígenes, no se trata de cambiar creencias, nada tiene que ver con negar nuestros gustos; ella es un mecanismo eficaz no solo para ser aceptado e involucrado en la nueva sociedad sino que además coadyuva a un desenvolvimiento agradable en la nueva vida que emprenderemos como inmigrantes.

Es una forma de estar donde realmente lo deseamos, porque si hemos tomado la decisión de alejarnos de nuestro país bien sea por obligación o por gusto, la única forma de desarrollarnos a plenitud en un ambiente de armonía y convivencia sana, es necesariamente adaptándonos al nuevo lugar.

Las personas que encontraremos en el país destino, no tienen por qué adaptarse a nosotros, no tienen por qué hacernos sentir mejor, no tienen por qué aguantarnos todos nuestros arrebatos, no tienen por qué tenernos lástima y no tienen por qué ayudarnos; y sí, aunque sea nuevamente muy crudo y tal vez inhumano, esa es una de las realidades que podremos encontrar en la nueva sociedad, por lo tanto, lo mejor es adaptarnos. Claro que hay gente con gran humanidad en cualquier país del mundo, con la que quizás tengamos suerte de encontrarnos, pero si no es así, no importa porque tendremos la capacidad de adaptarnos.

Una vez dijo el gran Bruce Lee, que debíamos ser como el agua, porque ésta tiene la capacidad de convertirse en cualquier cosa, si introducimos agua en una jarra, el agua se transforma en la jarra, si la colocamos en un vaso, se convierte en el vaso, si la colocamos en una tetera, se convierte en tetera. El inmigrante debe ser como el agua, si se va a Europa debe adaptarse a la vida del europeo, si va a América debe adaptarse a la vida del americano, así con los demás continentes, Asiático, Africano y Oceánico, ello visto desde una perspectiva macro –continental-, pero lo mismo ocurre desde la visión micro –nacional-, es decir, la adaptabilidad según el país al que nos dirijamos.

Cada nuevo habitante debe fluir con la armonía del ambiente en que se encuentra, sin la necesidad de cambiar sus creencias o gustos, sin modificar sus valores, sin alterar sus principios, en fin, sin olvidar sus orígenes, se trata de lograr crear una convivencia en la que nos sintamos a gusto, agradados y en confianza con nosotros mismos, lo cual provocará aceptación y respaldo en ese nuevo entorno.

Ahora bien, una vez entendida la importancia de la adaptabilidad para cualquier inmigrante, resulta de gran valor incorporar un segundo elemento, que estaría dirigido muy particularmente para aquellos que procuramos atraer el éxito a nuestras vidas y se trata de la creatividad.

Una vez ejecutado el reconocimiento de lo que somos y ofreceremos a la nueva sociedad, una vez investigado, conocido y adaptados a las reglas, costumbres y gustos del sitio al que llegamos, debemos ser creativos para destacar en un mercado que se encuentra ocupado por los sujetos que tienen mucho más tiempo y con ello mayor ventaja sobre nosotros.

La planificación ordena nuestros pasos, el autocontrol resguarda nuestras emociones y reacciones, la meta nos otorga dirección, el enfoque nos ayuda a continuar por el camino, la disciplina genera los avances hacia el sueño, la adaptabilidad procura el bienestar en el nuevo entorno, pero la creatividad será el plus que nos permitirá diferenciarnos del montón, es el aspecto extraordinario que provocará destacarnos, hacernos conocer, tener más y mejores oportunidades, pudiendo llegar al punto de obtener reconocimientos.

Por lo tanto, sí y definitivamente sí, debemos ser creativos en el accionar para lograr el sueño anhelado. Dependiendo de lo que pretendamos alcanzar en el nuevo destino, tenemos que involucrar a nuestro oficio, profesión, arte o emprendimiento, las reglas, costumbres y gustos de la sociedad a la que llegamos, pero además tenemos la obligación de incorporarle el plus creativo que nos ingeniemos para lograr sobresalir.

Creación se trata de la formación de algo que previamente no existía, la creatividad es la capacidad de crear e innovar. En este sentido, el inmigrante debe desarrollar la capacidad de innovar para dar a conocer su producto, bien o servicio. Encontrar la fórmula correcta que rompa el molde de lo común con una pizca de irreverencia inteligente, que nos permita diferenciarnos de los demás.

Saber adaptar la creación ingeniosa a la sociedad a quien se pretende presentar y que sea aceptado, debe ser una combinación perfecta entre lo que nos gusta y lo que les gusta al nuevo entorno, una fusión entre lo tradicional y lo innovador, un producto, bien o servicio totalmente nuevo o con un toque personal diferenciador.

Se trata de encontrar el verdadero valor de lo que ofreceremos en el nuevo lugar al que vamos; VALOR, muy distinto al costo o precio del mismo. El valor es ese elemento que caracteriza e individualiza lo que ofrecemos y que no puede comprarse ni con todo el dinero del mundo, es el aspecto cautivador que atrae a los clientes, el fundamento esencial del por qué nos encontramos tan seguros que lo que ofrecemos es lo mejor, es esa particularidad que nos satisface tanto, al punto de que nos encontramos fascinados de nuestra creación. Claro está, es un valor personalizado producto de la creatividad, lo cual indudablemente con el transcurrir del tiempo debamos mejorarlo, actualizarlo o quizás hasta suplirlo, como consecuencia de la evolución en el mundo y la adaptabilidad a los nuevos tiempos. Es decir, por más enamoramiento que tengamos de nuestra idea, no debemos dejar de avanzar con los nuevos tiempos y procurar progresar con los medios actuales, los negocios más prosperos, son aquellos que han sabido adaptarse a las épocas en las que se han desarrollado.

## LA VACA SAGRADA

Una pareja de recién casados, se prometieron amor para toda la vida, uno de sus compromisos consistió en jamás separarse. El hombre era un ingeniero que trabajaba en una trasnacional, mientras que la mujer era una chef muy reconocida en su país por ser experta realizando las mejores y más suculentas parrillas o asados de res.

Una tarde cuando dicho matrimonio se disponían a comer la cena, el esposo interrumpe la comida y le dice a su esposa que en el trabajo lo asignaron a un trabajo especial de 2 años que podía extenderse 1 o 2 años más en la India, luego de esa información la esposa se incomodó un poco, ya que era demasiado lejos, otra sociedad a la que no tenían idea como sería, sin embargo, le dijo que debían cumplir con su compromiso, y ella estando consciente de todo el apoyo que le ha brindado su esposo, pues ella lo acompañaría y se adaptaría a su nueva vida.

Los esposos se enrumbaron a su nuevo destino, la compañía les asignó su casa, el esposo perfectamente podía mantener el hogar sin que ella tuviera que hacer nada. Los primeros 6 meses la esposa cumplió el rol de ama de casa, sin embargo al mes siguiente se hartó y le dijo a su esposo que quería, necesitaba hacer lo que tanto le apasionaba, cocinar a gran escala, en un restaurante y por lo tanto, comenzaría a buscar las normativas para establecer un restaurante en aquel país, el esposo estuvo de acuerdo con ella y la ayudó en cuanto pudo.

La mujer alquiló el local y se dispuso a organizar los platos y recetas que prepararía, ella era reconocida por sus grandes asados de carne de res, pero rápidamente se dio cuenta que en la India uno de los animales sagrados era la vaca, por lo tanto no podía mostrarles a la sociedad su especialidad por respeto a las creencias del nuevo lugar en el que se encontraba.

Ella pensó en dedicarse a realizar otro tipos de platos en los que no involucrara la carne de res, pero no se sintió a gusto con la idea, ya que a ella le encantaba la braza, el humo, el carbón, lo caliente del fogón al hacer las parrillas, por ello comenzó a investigar cuales eran los gustos en la India, percatándose que la carne animal no es tan apetecible para ellos, mientras que los vegetales les encantan.

Los primeros meses estaba frustrada y preocupada porque no encontraba qué preparar, el esposo le decía que no sabía cómo ayudarla, pero le dijo: tú eres muy creativa sé que sabrás como ingeniártelas.

La mujer pensó y pensó hasta que por fin se le ocurrió una gran idea, comenzaría a realizar asados veganos, investigó sobre la carne de soya, se dedicó a asar los vegetales incorporándoles frutos típicos de su país de origen, las mezclas les resultaron estupendas a la sociedad de la India, su restaurante comenzó a ganar fama, la Chef era reconocida, por sus asados especiales, veganos del mundo viajaban para comer en ese lugar.

Con el tiempo la Chef se percató que los pescados eran aceptados por algunos en esa región, por lo tanto creó ciertos platos especiales de mariscos y pescados a la parrilla, para ese tipo de clientela. Su creatividad la hizo no solo superar sus obstáculos, sino además destacarse en el nuevo lugar, sintiéndose a gusto en su nuevo país ya que aprendió a adaptarse a sus costumbres.

Gracias a ello, su matrimonio continuó con gran felicidad y ahora están más unidos que nunca, ya que ambos son felices haciendo lo que les apasiona.

# RETOMAR Y AMPLIAR
# LA FUENTE

Este punto es un aspecto estratégico el cual ayudará en gran medida a conseguir lo que pretendamos lograr. La fuente hace referencia al grupo de personas que conocemos con anterioridad y las que conoceremos con posterioridad, el mundo en este nuevo siglo se maneja a través de las sociedades, no desde el punto de vista mercantil, sino desde la perspectiva interpersonal, las relaciones sociales y la ampliación de las relaciones son una garantía para la evolución y desarrollo de un sujeto, la cual provoca mayor acercamiento e interés de los individuos a quienes pretendemos entusiasmar para que nos ayuden o colaboren en la materialización de nuestro gran proyecto.

Por esta razón es importantísimo retomar los contactos que hemos tenido durante todo el desarrollo personal, en un principio sin importar el motivo de esa relación (compañero, amigo, plomero, mensajero, jefe, trabajo, universidad, hobby, negocio, etc.), luego comenzaremos a clasificarlos en razón del interés inmediato, los que se encuentren en el país en el que estamos, los que sepamos que tienen conocidos en el país destino y aquellos que tengan intenciones de viajar al país al que queremos ir.

Cada contacto es valiosísimo, quizás en este instante no observemos en que nos podrían ayudar algunos, pero como el mundo siempre está girando, y la vida son ciclos, no sabemos si en el próximo giro, quién menos pensemos será de gran ayuda para nosotros.

Seguidamente, debemos ampliar nuestra fuente, es hora de dejar los temores, las penas, las inseguridades y comenzar a interactuar con los demás, debemos conocer a nuevas personas y mantener el contacto con ellos, lo ideal sería realizar acercamientos con sujetos que tengan nuestros mismos ideales o propósitos; es decir, si nuestra área es la cocina, deberíamos relacionarnos con personas de ese ámbito, ya que éstos nos aportarán consejos, nos colaborarán en la ampliación de contactos y sobretodo nos darán el ánimo necesario para aventurarnos en ese mundo que ellos valoran al igual que nosotros.

Lo siguiente es tratar de conseguir un mentor o una persona que ya haya cumplido lo que nosotros estamos buscando, estos sujetos son valiosísimos para quienes comenzamos el camino hacia la meta, ya ellos lo lograron, saben cómo hacerlo, conocen dónde están los errores, y además son la prueba viviente que sí se puede, lo cual nos aportará una certeza gigantezca que nos favorecerá en la materialización de nuestros sueños.

Retomando los contactos que ya teníamos, aseguraremos una comunidad conocida que podrá ayudarnos a conseguir nuevos contactos o rutas para llegar a nuestra meta, ampliando la fuente y comenzando a unirnos a grupos de interés, estaremos encaminados y motivados durante todo el tránsito hacia la realización de la meta.

No es lo mismo contarle la meta a alguien que no tiene aspiraciones, a otro que constantemente cumple sus objetivos, no es lo mismo contarle un sueño arquitectónico a un enfermero que comentárselo a un  arquitecto, por esa razón es primordial comenzar a juntarse con individuos con la misma o por lo menos parecida visión a la nuestra.

Ahora bien, tanto el retomar como la ampliación de la fuente si bien es cierto que es en procura de un beneficio particular, no se trata de tener todos esos contactos exclusivamente por un interés individual. Dichos contactos deben ser alimentados y la mejor manera es ofreciendo ayudas sin pretender alguna devolución, si queremos mantener a nuestros contactos a disposición y con algún sentimiento de deuda hacia a nosotros, lo mejor es ofrecernos para ayudarlos en algo que verdaderamente vayamos a cumplirle, con el pasar del tiempo y cuando menos nos lo esperemos, ese contacto nos buscará para en agradecimiento ayudarnos con algo o sencillamente en el momento que lo necesitemos, tendremos un gran porcentaje a nuestro favor de obtener esa colaboración cuando la solicitemos.

Los contactos no están para molestarlos a cada rato, pero tampoco están para tenerlos archivados para toda la vida. Desde el momento en que decidimos emprender un viaje en busca de una nueva vida, desde allí debemos soltar las cadenas de los temores, las penas y del ¿qué dirán?, tenemos que retomar los contactos y solicitar ayuda a quienes creamos que lo pueden hacer, muchos nos cerraran las puertas pero quizás uno abra una posibilidad y esa única puerta seguramente hará la gran diferencia.

Busca y encontrarás, toca y se te abrirá, todos en nuestro país de origen tuvimos una vida, un estatus, una posición, en esta sociedad nueva a muchísimos nos tocará empezar de nuevo, por lo tanto lo principal es ya comenzar y dar los primeros pasos, mientras más demoremos en dar el primer paso qué es comenzar a caminar colocando a un lado ese estatus o esa posición que algún día tuvimos, más rápido solicitaremos la ayuda que necesitamos y más rápido llegaremos a la meta que nos hemos trazado.

Entonces, si nuestro sueño es ser un gran médico, pero para ello debemos homologar nuestros estudios, lo cual nos lleve entre 1 a 3 años en el país destino, debemos trabajar para mantenernos y pagar nuestras necesidades, mientras conseguimos un trabajo de acuerdo a nuestros conocimientos y comenzamos los estudios de homologación; no debemos sentir vergüenza de solicitar ayuda para conseguir un trabajo que nos permita pagar esas necesidades (que quizás no sea afín a nuestros estudios o que quizás ni siquiera sea una profesión sino un oficio), debemos tener en cuenta que el trabajo no deshonra a nadie, si el dinero es ganado con honestidad no tiene por qué avergonzarnos.

Eso sí, quienes pretendamos atraer el éxito a nuestras vidas de inmigrante, debemos tener claro que tenemos la obligación de trabajar para pagar nuestras necesidades, pero ello no puede ser impedimento para ir avanzado poco a poco hasta la meta que nos hemos propuesto.

Es decir, buscamos trabajo para cubrir necesidades y al mismo tiempo estamos retomando contactos, ampliando la fuente y buscando oportunidades que nos permitan ingresar en el campo de nuestro interés, que definitivamente coadyuve a la materialización de nuestro gran sueño.

Perfectamente podemos y debemos llevar los dos aspectos de la mano, porque si cometemos el mismo error que cometen la gran mayoría de inmigrantes (esperar estabilizarse y tener las condiciones adecuadas para comenzar a avanzar en el camino) estaremos atrasando el sueño y quizás matándolo, ya que en esa "estabilización" se nos puede pasar la vida entera.

Es una única visión con la que vamos, llegamos y nos mantenemos en el país destino, la cual es MATERIALIZAR EL SUEÑO; sin embargo al principio del camino podemos tener dos perspectivas: 1.-trabajar para cubrir necesidades y 2.- esforzarnos para avanzar hacia la meta.

Una vez logremos adentrarnos en el área que necesitamos y que más nos conviene para materializar el sueño, será el momento de unificar las perspectivas (cubrir necesidades y avanzar hacia la meta), para enfocarnos exclusivamente en esa gran meta.

Por esa razón son importantísimos los contactos, ya que tendremos algunos que nos ayudarán en la meta, otros que nos ayudaran a conseguir otros contactos de interés, habrán otros que hoy no aportarán mucho o quizás nada pero mañana puede ser que sean un gran aliado y finalmente estarán otros que no tendrán nada para ayudarnos a conseguir la meta, pero quizás nos colaborarán para obtener algún trabajo, ayuda o beneficio que nos permita solventar las necesidades comunes que son de suma importancia, sobretodo en esa etapa inicial cuando llegamos al nuevo destino.

## *EL EMPRESARIO ORGULLOSO*

Se cuenta en una ciudad europea la historia de un sujeto que producto del esfuerzo diario, se abrió camino en el mundo del emprendimiento y posteriormente el empresarial. Este hombre era muy bien visto en su comunidad, ya que empezó literalmente desde cero y con el tiempo logró establecerse como un gran empresario de su comunidad.

Sin embargo, este hombre tenía mayores ambiciones, seguía luchando y trabajando duro, para no solo ser un gran empresario local, sino más bien convertirse en uno de los empresarios más importantes del país.

Debido a sus inicios en el que sintió que nadie le ayudó, creó un caparazón que consistía en depender única y exclusivamente de él, no le interesaba la ayuda de nadie, solo se preocupaba por contactar y agradar a los grandes empresarios del país, con la finalidad de convertirse en uno de ellos.

Un día estando en su oficina, le designó un trabajo a su mensajero quien tenía con él más de 10 años en su empresa, era de esos trabajadores que muy pocas veces se consiguen (fiel, leal y sobretodo comprensivo), el empresario tenía un carácter muy fuerte, sin embargo, el mensajero entendía que el carácter era producto de la personalidad de su jefe, por eso no lo juzgaba, cumplía sus deberes y lo ayudaba en cuanto podía y se lo permitía.

El mensajero cumplió con su labor como siempre y le indicó a su Jefe que su esposa tendría un hijo y que le gustaría que fuese a la pequeña reunión que harían para celebrar la llegada de su niño. El empresario lo miró, le agradeció la invitación, pero creía que no pudiera asistir a la reunión, no obstante a fin de mes le daría respuesta.

La esposa del mensajero todo el tiempo le decía a su esposo que renunciara a su trabajo, ella podía hablar por él, para conseguirle un mejor trabajo, pero el mensajero era tan fiel y leal con su jefe que siempre se negaba a esa posibilidad.

El empresario en uno de esos días de trabajo y esfuerzo, llega a la oficina y estando exhausto, tenía fijamente en su pensamiento convertirse en uno de los empresarios más importantes del país, para ello debía codearse con sujetos importantes; justo en ese momento entró el mensajero y le dijo: "¿Jefe por fin, asistirá a la fiesta que le invité? Al ser interrumpido abruptamente, el empresario se molestó y le dijo que no asistiría, ya que debía concentrarse en tener contacto con personas importantes y no perder el tiempo en fiestas con personas irrelevantes.

El mensajero se retiró y sintiéndose mal por la respuesta de su jefe, llamó a su esposa y le dijo que lo ayudara a conseguir otro trabajo.

Pasó el tiempo y llegó el día de la fiesta, el mensajero y su esposa celebraban la llegada de su hijo con una reunión sencilla, todo iba normal hasta que en un instante entró el jefe de la esposa del mensajero, se trataba de uno de los empresarios más importantes del país, el hombre le dio un sobre a los futuros padres, en el que le garantizaba todos los productos que necesitaría el niño por un año entero, además le indicó a la esposa que estaría encantado de que su esposo formara parte de la compañía, ya que ella había sido una trabajadora ejemplar. Se tomaron varias fotos, y el gran empresario luego de conversar con algunos de los invitados se retiró de la reunión.

Al siguiente día el mensajero fue a su trabajo, para entregar formalmente su renuncia, el empresario tomó la renuncia y sin siquiera agradecerle por su trabajo, le dijo que está bien, ya llegarán nuevos sujetos, su enfoque estaba en lograr la meta que se había planteado y nada lo perturbaría. El mensajero se retiró y fue a su nuevo trabajo.

Durante el día uno de los empleados del empresario entró a la oficina y le comentó que la reunión del mensajero fue increíble, estuvo muy divertida y lo mejor de todo es que había ido uno de los empresarios más importantes del país, ya que la esposa del mensajero trabajaba en esa compañía, ese gran empresario se sentó a hablar con los invitados, le ofreció trabajo al mensajero y les dijo a todos que estaba a la orden con todos, era un hombre bastante amable, que seguramente lo pudo haber conocido en esa reunión y tener ese gran contacto.

El empresario al escuchar esas palabras se sintió afligido, por no asistir a esa reunión y haber perdido esa gran oportunidad, sin embargo, pensó en contactar al mensajero y cuando reviso su teléfono celular, se dio cuenta que jamás tendría el número de un sujeto de esa categoría.

El empresario solicitó el contacto del mensajero, para conversar con él, pero el mensajero una vez se retiró de la empresa decidió comenzar una vida nueva, para lo cual cambió de número telefónico.

El empresario luego de ese hecho, vio como dejó pasar una gran oportunidad, hasta el día de hoy sigue trabajando y esforzándose duramente para lograr la meta que se propuso. Ahora no dejando desaprovechar la oportunidad de tener el contacto con cualquier individuo y tratando de ser amable con todos, ya que nunca se sabe cuándo y dónde nos pasará el bus de las oportunidades.

# MENTALIDAD Y ACTITUD

Un aspecto realmente valioso y verdaderamente importante para materializar ese gran sueño que queremos para nuestras vidas, es nuestra mentalidad.

Un principio básico y muy cierto, es que todo aquello que pensamos y creemos cierto, todo ello se termina transformando en una realidad.

Por ello, cuando alguien expresa "no lo puedo hacer" está en lo correcto y si esa misma persona minutos después dice "si lo puedo hacer" también estará en lo correcto.

"Si lo crees, lo creas" es una tendencia que se está haciendo viral entre las personas, es un código que está tomando fuerza y algunos lo han asumido como suyo, lo cual nos beneficiará cuando entendamos que todo lo que creemos lo hacemos realidad.

Cada persona cuando nace tiene uno o varios talentos, dependerá de su disciplina y constancia, desarrollar y perfeccionarlos. El caso más perceptible está en el atleta; todos hemos escuchado alguna vez: ...es que ese joven nació para jugar fútbol, desde niño se ha destacado sobre los demás...

No obstante, de igual forma hemos visto como alguien con gran talento, debido a la falta de disciplina y constancia (esfuerzo) no llegó a donde pensábamos que llegaría.

Los atletas en esta época son evaluados desde muy niños, con la finalidad de captar a ese prodigioso talento destacable y tenerlos en cada uno de sus equipos, luego le establecen un régimen de trabajo, que según el esfuerzo individual que ejecuten, producirá un mejor resultado en el atleta y en consecuencia para la organización deportiva.

Históricamente las evaluaciones iban dirigidas exclusivamente en dos aspectos: 1) talento (su valor natural) y 2) esfuerzo (su valor de acción); de un tiempo para acá, los grandes equipos se ocupan de un elemento extra y éste es: la mentalidad; ya que a través de diversos estudios se han percatado que se trata de un aspecto fundamental para el rendimiento y los resultados del equipo.

El talento representa un 20% de lo que puede alcanzar un sujeto, el esfuerzo representa un 30% de lo que puede lograr, por ello el enfoque físico material representa en su totalidad un 50% de la capacidad del individuo; que histórica y comúnmente es en lo que se han enfocado la gran mayoría de las personas, dejando a un lado el otro 50% que puede hacer una gran diferencia en los resultados de lo que queremos, todo ello por el desconocimiento que hasta ahora se tiene del tema.

Ese otro 50 % está igualmente dividido en dos elementos: la mentalidad que representa el 25% y el espíritu representa el otro 25%; actualmente los grandes equipos, organizaciones empresariales y otros grupos de interés, se están enfocando en la mentalidad de sus atletas, empleados, directivos, etc.; ya que está comprobado científicamente que la mentalidad ganadora arroja resultados superiores a los demostrados por la gran mayoría.

Si analizamos los porcentajes, podemos percatarnos que solo la mentalidad ganadora no nos hará triunfar, debido a que representa un 25% del total, con lo cual si nos encontramos con un sujeto con talento y esfuerzo total (20 % + 30%) estaría en un 50% de sus capacidades, frente a un sujeto con solo mentalidad ganadora (25%) el triunfo se quedará en el individuo con mayor porcentaje.

Ahora, en una competencia justa, en la que ambos tengan talento y se hayan esforzado de la misma manera, ¿qué haría la diferencia? La mentalidad se convierte en el plus, que otorgará la victoria o la derrota; por ello, si se enfrentan grandes atletas, grandes profesionales, grandes empresarios, los mejores del planeta, la victoria estará en quien más talento haya desarrollado, quien más se haya esforzado y sobretodo quien tenga una mentalidad superior ganadora para afrontar la competencia.

Creer es muy distinto a explanarlo; es decir, muchos gritan (exteriorizan) que ganarán, pero internamente tienen un temor absoluto, no están convencidos que el resultado será a su favor, en cambio hay otros que no dicen nada, pero por dentro están seguros que lo lograrán, de allí algunos resultados sorpresivos e inesperados.

La mentalidad tiene un poder que muchos desconocen, creer en nosotros, en el logro, en la materialización de los objetivos hará la diferencia entre lograrlo o no.

Si investigásemos a nuestros ídolos, artistas, mentores o nuestros ejemplos de vida que más nos agraden, nos daremos cuenta que el factor común que existe en cada uno de ellos, es que siempre creyeron que lo lograrían, a pesar de los obstáculos, las dificultades y los problemas, siempre lucharon hasta el final porque creyeron absolutamente en su logro.

¡Ojo! claro que puede llegar la duda, claro que puede llegar el temor, ello no está mal, mientras no nos paralice, para eso están las facetas anteriores (autocontrol, planificación, disciplina, enfoque) con ello evitamos que esa sensación nos atrape, y además como plus extraordinario incorporaremos nuestra mentalidad, para definitivamente lograrlo.

CREER EN EL LOGRO, genera en cuerpo y mente la fortaleza y convicción necesaria para triunfar.

Cuando creemos, realmente lo sentimos, lo vivimos y sin aun alcanzarlo la sensación es de alegría al sabernos ganador. Creer en algo no se trata solo de la parte consciente, de decirnos a nosotros mismos y a los demás "si puedo", va más allá de la expresión, se trata de la interiorización, sentirlo, creerlo y que forme parte de nosotros, es el subconsciente quien sin darnos cuenta nos dirá siempre, que si lo lograremos.

Para alcanzar este nivel, existen diversos estudios, que se basan en la perceptibilidad del logro; es decir, debemos buscar diversos triunfos o logros, sin importar lo pequeño o grande que hayan sido, lo principal es volverlos a imaginar, revivir el momento, experimentar nuevamente la sensación, visualizarla, escucharla y sentirla, mientras más logros recordemos, nuestro cuerpo y mente comenzarán a confirmar que si podemos lograr lo que nos proponemos. Ello se debe a que las emociones y sensaciones marcan los hechos en nuestras vidas.

Aquellos que se acuerdan de sus triunfos saben que pueden ganar y por lo tanto irán por la victoria, ya saben lo que se siente y por ello quieren más, mientras que aquellos que solo recuerdan las derrotas, su mente constantemente repetirá dichos acontecimientos y enfrentaran los retos perdidos.

Todos alguna vez hemos alcanzado algo, ese algo hace la diferencia para la futura mentalidad superior ganadora, cuando pensemos que no se puede, solo recordemos que en algún momento pensamos que no montaríamos bicicleta y a pesar de las caídas aprendimos, otras veces nadie creyó que lograríamos algo y lo hicimos y así miles de historias. Entonces, ¿qué fue lo que hicimos? ¿Qué fue lo que sentimos? y ¿qué fue lo que pensamos justo en el momento que lo logramos? Allí entenderemos qué debemos hacer para alcanzar lo que queremos, debemos creer en nosotros, tener fe que se nos dará y realmente creer en el logro.

La mente tiene la facultad de elevar las capacidades de cualquier sujeto. Una mentalidad superior ganadora enfrenta cualquier reto desde una postura de triunfo, lo cual aumenta las probabilidades de alcanzarlo si se compagina con el talento y el esfuerzo.

Las grandes compañías, empresas, equipos y estructuras en el mundo ya han entendido la importancia de trabajar en la mentalidad de los suyos, es un aspecto que hoy día hace una gran diferencia.

En cuanto al espíritu, es un aspecto intangible de menor interés por ahora; si la mentalidad a pesar de los estudios que han confirmado su relevancia para la mejora en la actuación y resultados del individuo, aún no es desarrollada en todos los ámbitos sociales, mucho menos el aspecto espiritual que no es aún de interés para ningún sector industrial, empresarial de carácter productivo.

Sin embargo, es importante entender este pequeño inciso. En el caso de los sujetos que trabajan en el desarrollo de sus talentos, se esfuerzan y buscan tener una mentalidad superior ganadora, si bien el comjunto de los elementos eleva sus probabilidades al máximo para el triunfo, no obstante, los resultados como a cualquier otro sujeto pueden ser dos: 1) triunfo o 2) derrota; todo lo desarrollado hasta ahora eleva las probabilidades de obtener la primera de las opciones, sin embargo, si por alguna razón llegara a suceder la segunda de las opciones; estos sujetos con mentalidad ganadora se perturbaran, molestaran o entristecerán por un instante al igual que cualquier otro, la diferencia es que esa sensación les durará un instante ya que luego de un razonamiento profundo entenderán que dicho resultado, es solo una oportunidad que no se materializó, pero con trabajo, esfuerzo y ganas de triunfar podrán alcanzarlo y cambiar el resultado.

En cambio aquellos pocos sujetos que se esfuerzan, desarrollan sus talentos, poseen mentalidad superior ganadora y además buscan elevar el espíritu, logran un nivel tan alto que le restan importancia al resultado (triunfo o derrota, logro o "fracaso"), nada los perturba, ya que su ser es victorioso, quienes elevan el espíritu no dependen de un resultado para sentir satisfacción o no, el solo hecho de esforzarse e ir en busca de lo que desean, ya es una victoria, cada consecuencia dejará bienestar o aprendizaje, lo cual siempre les resulta beneficioso. La elevación del espíritu resta importancia a los resultados, y dirige el enfoque hacia el camino, por ello siempre se sentirán victoriosos, solo por el hecho de hacer lo que les gusta.

No obstante, el aspecto espiritual requiere de un desarrollo mucho más profundo que esperemos pueda ser plasmado con mayor extensión en otra obra. Por ello, continuaremos con la perspectiva de la mentalidad superior ganadora.

Una vez desarrollemos nuestra mentalidad, al punto de que nuestro inconsciente asuma y crea que somos ganadores, lo que nos propongamos lo lograremos y todo aquello que queramos lo obtendremos, una manera efectiva de consolidarlo y procurar que forme parte de nuestra cotidianidad, es a través de la actitud.

La vida sin importar lo que hagamos o queramos, siempre vendrá con diversas circunstancias: algunas en las que el camino se abrirá y extenderá libremente, otras veces con algunos o muchos obstáculos, después con alegrías, otras con melancolía, miedos, rabias, angustias, ánimo, etc.

Por ello, la actitud frente a las circunstancias tiene gran relevancia para la materialización del sueño; una actitud ganadora, de confianza, gallardía y creencia en el logro, provocará una fusión única-vital (mente y cuerpo), en el que se entenderá la siguiente afirmación: lo que se busca se encontrará y lo que se quiera se obtendrá.

Frente a una caída se puede tener una actitud derrotista, en la que se ponga a un lado el sueño y se olvide lo avanzado o por el contrario se puede tomar una actitud ganadora que nos obligue a levantarnos, a luchar y a no olvidar todo lo que hemos avanzado y sobretodo el ¿POR QUÉ lo estamos haciendo?, ¿QUÉ BUSCAMOS?, ¿QUÉ QUEREMOS? ¿QUÉ LOGRAREMOS?

Quienes se crean fracasados están en lo correcto y la actitud que tomarán será la de fracasados, pero quienes nos creamos triunfadores, definitivamente tenemos toda la razón, solo debemos mantener el pensamiento y sobretodo la actitud de ganadores.

Un ganador sabe que a veces vendrán derrotas, pero ninguna de esas tendrán ningún peso en el camino, el ganador tiene la capacidad de transformar una derrota en victoria si sabe cómo extraer el aprendizaje de ella.

El ganador siempre gana, hasta perdiendo triunfa, por ello no hay obstáculo que lo paralice, al contrario, lo inspira aún más para demostrar de qué está hecho, el ganador trabaja continuamente, es disciplinado, su bandera es la perseverancia, desarrolla sus talentos, se mantiene enfocado, se planifica y se traza metas que cumple una tras otras.

La actitud de un ganador se observa a distancia, en los peores momentos sobresalen, se destacan y luchan por seguir avanzando. Esa actitud provoca que de un momento a otro las circunstancias le cambien a su favor, produzcan a pesar de la sequía, cosechen a pesar de la poca siembra y ganen a pesar de que el contrincante era considerado invencible.

El ganador se reconoce por su actitud y mentalidad, si nos convertimos en un ganador, desde el día uno estaremos triunfando.

## EL INVICTO

En un barrio antiguo del continente oceánico se cuenta que existió un sujeto que nunca perdió ninguna apuesta, cientos de contrincantes de todo el mundo iban hasta allá, solo con la intención de enfrentarse a él y por fin ser el primero en derrotarlo.

Año tras año el invicto ganaba y ganaba, las competencias eran de tipo lógico, las mentes más brillantes llegaban y salían derrotados, nadie podía explicar la razón por la que el sujeto siempre ganaba.

Algunos decían que el motivo se debía a que era un genio, otros alegaban que tenía un don divino, muchos otros que poseía un amuleto que evitaba cualquier derrota, otros que había hecho un pacto, algunos que era un ejemplar estudioso con gran lógica, al final del día la mayoría solo alegaba que simplemente se trataba de un sujeto especial que le decían "El Invicto".

Un día un joven que año tras año observaba como la leyenda del invicto crecía y crecía y efectivamente nunca perdía, se le acercó y le dijo: imagino que muchos le habrán hecho esta pregunta, pero quisiera saber ¿cuál es su secreto, para nunca perder?

El invicto, soltó una pequeña sonrisa y le dijo: ¿quién dice que nunca he perdido?

El joven sorprendido le responde: yo soy testigo que en cada competencia todos sus contrincantes salen derrotados, cabezas bajas, tristes y frustradas al no poder derrotarlo.

El invicto lo ve directo a los ojos y le dice: ¡ahí está tu respuesta!

El joven incrédulo sube los hombros y dice: no entiendo, no veo ¿dónde está el secreto?

El invicto se ríe y repite: ¡ahí está tú respuesta! Le da una palmada en la espalda y se va.

El joven aún más confundido, se quedó pensando: ¿será que realmente es un genio? ¿Tendrá algún poder? O ¿nadie está a su nivel?

Al día siguiente el joven se levanta temprano y comienza a analizar las repuestas del invicto (¿Quién dice que nunca he perdido? ¡Ahí está tú respuesta!). Pero ¿dónde está la respuesta? Jamás lo he visto perder y nadie en el pueblo le ha conocido una derrota, soy testigo de como uno tras otro se va frustrado al verse derrotado.

¡CLAROO! Ahí está mi respuesta, ya entendí.

El joven fue corriendo a la casa del invicto y le dijo: ya sé cuál es su secreto, Usted no es quien gana, son sus contrincantes los que pierden.

A lo que el invicto le refutó: ¿estás seguro de lo que dices? Si eso fuese cierto, cualquiera pudiera hacer lo que yo he hecho y nunca nadie lo ha logrado.

El joven se quedó pensativo y expresó: es cierto, pero que usted haya logrado tal hazaña no significa que otro no pudiera hacerlo.

El invicto: si fuese así, entonces ¿por qué no ha existido quien me venza?

El joven: porqué todos los han enfrentado sabiéndose perdedores.

El invicto: esta bien, entonces porque no me enfrentas y comprobamos tu teoría.

El Joven: ¡estoy de acuerdo!

Al siguiente día se comenzó a preparar la competencia, el joven se sentía preparado, sabía que sus contrincantes eran derrotados por que ellos mismos asistían al evento con temor al enfrentarse al invicto, jamás se creyeron vencedores, el invicto estaba tan acostumbrado a ganar que su mente y cuerpo estaban listos para hacer lo que sabían (vencer).

El joven se preparó muchísimo, sobre todo su mentalidad ganadora, cada día que pasaba se sentía con mayor confianza y se veía ganador.

El día llegó, el joven y el invicto se enfrentaban, una a una fueron pasando las pruebas lógicas, cada uno iba sumando puntos, por primera vez otro individuo estaba tan cerca de ganarle, hasta que llegó la última prueba, para ese momento el invicto se encontraba verdaderamente tranquilo y confiado, el joven se encontraba ansioso pero confiaba en su victoria, al culminar la prueba, el resultado fue el mismo de siempre, el invicto una vez más ganó, el joven al saber el resultado, bajó la cabeza, se sintió triste y en el momento que se disponía a retirarse recordó la conversación: **yo soy testigo que en cada competencia todos sus contrincantes salen derrotados, cabezas bajas, tristes y frustrados al no poder derrotarlo.**

**El invicto lo ve directo a los ojos y le dice: ¡ahí está tu respuesta!**

En ese momento el joven entendió lo sucedido, levantó su cabeza, pensó en lo bien que lo había hecho, lo cerca que estuvo de derrotarlo, de la capacidad que tuvo para enfrentarlo y además reflexionó que para un joven como él, que apenas era su primera competencia y el invicto quien llevaba años compitiendo y haciendo lo mismo, que el resultado se haya decidido en la ultima de las pruebas, es una verdadera hazaña.

Al instante se sintió muy bien, se sintió el verdadero ganador, la gente del pueblo se sorprendió ante su actitud, él les explicó que, en un sentido justo y lógico, todas las ventajas las tuvo el invicto, al conocer la mayoría de las pruebas, al cada año realizar lo mismo una y otra vez, al prácticamente conocer de memoria cada una de las etapas, y que él en su primera competición haya llegado tan cerca, es un resultado positivo.

Algunas personas se rieron y otros asentaron con la cabeza manifestándole que tenía algo de razón en sus argumentos. En ese mismo instante, el joven propuso volver a participar en la competencia al año siguiente y cuantas veces fuese necesario hasta derrotarlo.

Las personas se quedaron observando al invicto, a lo que éste dijo: yo estoy dispuesto a enfrentarme con todo aquel que me rete, pero no tiene sentido competir con alguien al que ya le he ganado, la mayoría del pueblo estuvo de acuerdo con la respuesta del invicto y gracias a ello el invicto jamás fue derrotado por nadie.

Se dice que días más tarde, el invicto fue a la casa del joven y le preguntó ¿cómo se sentía? El joven le respondió que mejor imposible, es gratificante saber que te derroté.

El invicto se ríe y le dice: creo que estás confundido, todos en el pueblo dicen lo contrario.

El joven igualmente se ríe y le responde: todos se quedaron con tú triunfo, es cierto que en la prueba final ganaste, pero no es menos cierto, que ante un nuevo reto tuviste temor a ser derrotado. Todos se quedaron con tu respuesta "lógica" de no enfrentarte conmigo, motivado a tú historial de victorias y reputación de sabio, por lo que ninguno en el pueblo se atrevió a contradecirte, pero no necesito la aprobación de nadie ni la confirmación de alguien para saberme ganador, yo se que no quisiste competir de nuevo porque la victoria sería mía y si somos lógicos yo soy el ganador, si hay una competencia y el contrincante se retira, el vencedor es quien siguió en la batalla.

El invicto se le quedó viendo fijamente a los ojos y le dijo: nunca tuve miedo de enfrentarte nuevamente, para ser ganador hay que actuar como ganador, hay que saberse ganador y pensar como ganador, eso fue lo que hice.

El joven asintió con la cabeza y le dijo: tienes razón solo un ganador sabe cuando ha ganado y en está competencia lo he hecho yo.

El invicto se río y le dijo: la verdad ante el ímpetu y perseverancia de quien se siente ganador no hay muro que pueda frenarlo. Por eso no habrá otra competencia entre los dos. Hace años atrás esos mismos ojos brillantes los tuve yo y por ser un ganador, se cuando me encuentro en frente de otro de mi propia especie. Pero que no se te olvide, que el invicto soy yo.

El joven soltó una carcajada y le dijo: es cierto tú eres el invicto, pero entre los dos yo soy el ganador.

Luego de ese día ninguno de los dos se volvió a encontrar, el invicto siguió triunfando y el joven jamás conoció la derrota.

◆ ◆ ◆

La gran mayoría de las personas emprenden el camino con gran ímpetu y entusiasmo, pero ante el primer fracaso, se devuelven a su zona de confort, solo quienes conocen el éxito han sabido convertir la derrota en victoria y los fracasos en éxito. El principio de todo, está en nuestras mentes y los resultados en nuestra actitud.

# ÉXITO

Entendiendo que nos encontramos como habitantes de un planeta en la que nuestra vida se desenvuelve no sólo en este mundo sino en un gran Universo, debemos tener claro que estamos conectados con todo y con todos, desde la galaxia o planeta más lejano hasta el objeto que en estos momentos tengamos más cerca; a esto se le llama la Ley de la Unidad; todo somos un todo, es una especie de mecanismo compuesto por infinitos engranajes, en el cual los elementos confluyen para que el sistema universal se siga desarrollando y continúe su curso ordinario.

Los animales, la vegetación, el agua, la tierra, el fuego, el aire, los frutos, los objetos, la naturaleza, la creación, los seres humanos, los planetas, las estrellas, la luna, el sol, las galaxias, en fin, el Universo, está interconectado a través de energía, cada elemento emana la energía particular que le es concedida por el propio universo; a excepción de uno de los elementos (el ser humano).

El ser humano, producto del libre albedrío concedido por el Padre Creador, es el único elemento de todo el sistema universal, que tiene la capacidad de transformar la energía o las vibras en favor o en contra de él mismo.

A ello le llaman la Ley de Vibración, según como vibremos con todo nuestro alrededor, ese entorno confabulará para que tengamos lo que emanamos, si vibramos desde el lado positivo, obtendremos del universo buena vibra, pero si expedimos lo contrario, llegará a nosotros lo negativo que ofrecemos.

El sistema de engranaje es cuasi perfecto, ya que cada uno cumple el rol que el universo nos ha asignado; podría decirse que cada elemento tiene su destino escrito. Sin embargo, producto nuevamente del libre albedrío, el engranaje especial (ser humano), puede reescribir, mejorar, transformar o cambiar por completo su propio destino.

El universo es energía, con lo cual la vibra que tengamos hoy arrojará las probabilidades de alcanzar lo que deseamos en el futuro, lo que quiere decir que si hoy estamos por el piso, si llegásemos a consultar que nos deparará el destino, lo más seguro es que según la energía que mostramos al universo, la respuesta no sea la que anhelamos; pero si al pasar algunos meses, nuestra vibra evoluciona positivamente y volvemos a consultar nuestro destino, lo más seguro es que la respuesta haya cambiado radicalmente, ya que ahora todo se verá bien aspectado.

Entonces ¿nuestro destino está escrito? Sí, claro que nuestro destino está escrito, nada llega o se va del universo por casualidad, todo tiene un propósito en el desarrollo universal. No obstante, el destino nos puede deparar algo simple que no cause mayor revuelo a todo nuestro entorno, lo cual a algunos nos pudiera parecer adecuado, pero a otros no nos agrade, ya que queremos tener una vida más emocionante.

Por ello, debemos recordar que todos somos importantes, sin importar el papel que juguemos, en una empresa es tan valioso el Gerente que dirige la producción, como el obrero que se encarga de mantener las oficinas en orden y limpias.

Con el ejemplo anterior, quizás el destino del Gerente era llegar a tener ese puesto y el destino del obrero era colaborar desde ese escenario. Pero de ser así ¿todos debemos aceptar nuestro destino, sin reclamo?

Definitivamente no, por ello la gracia y bendición del creador (libre albedrío), con el ser humano, quien es el único ser vivo que tiene el poder de aceptar su destino o por el contrario cambiarlo.

Quizás nuestro destino sea llegar a convertirnos en un sujeto importante y de renombre mundialmente, pero luego de enterarnos de ese fututo, nos relajamos, dejamos de avanzar, bajamos nuestras vibras y nos sentamos a esperar a que llegue el día en que se cumpla ese fabuloso destino.

En cambio, puede suceder que para otros sujetos su destino era tener una vida sencilla, en la que su función no trascenderá fronteras; sin embargo, todos los días a cada hora, trabajan duro, se esfuerzan, son disciplinados, se han trazado una meta extraordinaria, se mantienes enfocados, cree en ellos y luchan a diario para lograr convertirse en las personas reconocidas mundialmente que tanto desean. Aunque en sus destinos no estaba escrito ese propósito, el constante esfuerzo, la energía que emanaron a su entorno, provocó que el mismo universo confabulara para que lograsen lo que tanto anhelaban.

¿Qué ocurre en esos casos? si el primero grupo de sujetos si se hubiesen esforzado; seguramente hubiesen llegado más rápido a su destino, que el segundo grupo, quienes tuvieron que luchar mucho más duro para cambiarlo. Pero indudablemente y en definitiva lo más relevante es que todo lo que realmente deseemos lo podemos alcanzar, sin importar, nuestros estatus, condiciones, circunstancias, ni siquiera importa lo que el destino nos tiene preparado, ya que tenemos el poder de modificarlo.

Por esa razón el destino de cada uno de nosotros está escrito en arena, justo a la orilla del mar, en la que siempre llega una ola y lo borra una y otra vez, dándonos la oportunidad de reescribir nuestro futuro y cambiar lo que nos asignaron si así lo queremos; ese es el motivo por el cual debemos escribirlo cada hora y cada día de nuestras vidas, hasta que logremos lo que tanto anhelamos.

Soy exitoso, repetirlo cada hora, cada instante, actuar como alguien exitoso, creernos exitoso, hablar como exitosos, si en nuestro destino no estaba incluido el éxito, pues el universo comenzará a sentir una vibra nueva, captará que un engranaje no está siguiendo la dirección asignada, por ello, quizás surjan algunas trabas, uno que otro obstáculo, pero si no nos frenamos y continuamos escribiendo en esa arena todos los días SOY EXITOSO, el universo con tal de proteger el sistema y evitar la descomposición de toda la interconexión de engranajes, no le quedará más remedio que aceptar la dirección y rumbo que acabamos de elegir y será a partir de allí que el propio universo comenzará a fluir a nuestro favor.

Ahora bien, ¿qué es el éxito? La mayoría de los sujetos piensan que éxito es una cima a la que hay que llegar, en la que obtenemos riqueza, prosperidad y abundancia.

Pero la realidad es que el éxito es una forma de vivir, el éxito no está en un lugar específico, el éxito no se busca. El éxito se atrae. Ser exitoso significa andar en éxito, no se debe llegar a un sitio o estatus específico para considerarnos exitosos.

La prosperidad, abundancia y riqueza son aspectos que llegan como consecuencia del éxito, pero no son el éxito en sí mismo, ser exitoso, es estar a gusto donde nos encontramos, haciendo lo que nos gusta, estando con quienes deseamos, ayudando a cuantos podamos y disfrutando cada día e instante de toda nuestra vida, es estar a gusto con nosotros mismos, valorando nuestros días y definitivamente disfrutando nuestras vidas a plenitud.

Ahora bien, ¿cómo atraer el éxito a nuestra vida? aparte de los elementos antes mostrados, existen otras leyes universales de vida, que resultan valiosas para lograrlo.

Ley de causa y efecto, es equivalente a sembrar y cosechar, si sembramos bien cosecharemos bien, los frutos que obtengamos serán producto de todo nuestro esfuerzo. Nada llega de la nada, todo tiene una razón, cada situación que se nos presenta es el resultado de lo que hicimos o dejamos de hacer, por eso es importante reflexionar, aprender de los errores y reafirmar nuestros aciertos. Si queremos bienestar, debemos sembrar bienestar, queremos personas leales y verdaderas a nuestro alrededor, comencemos por ser individuos leales y sin mentiras.

Ley de inspiración, uno de los aspectos vitales que procuran la atracción del éxito a nuestras vidas, es realizar lo que nos gusta, si cada día nos levantamos inspirados para hacer lo que realmente queremos, es una energía grandiosa que influye en la atracción de lo que anhelamos. Todo aquel que procure atraer algo que le agrade, primeramente debe descubrir que lo inspiraría a levantarse cada día sin excusas, una vez lo encuentre, tiene que usar eso a su favor. Si hacemos lo que nos gusta e inspira, sencillamente atraeremos con buena vibra lo que anhelamos.

Ley del magnetismo, es una regla universal bastante conocida, que hace referencia a la capacidad del ser humano para atraer lo que piensa, vive y cree. Es un aspecto que no solo se refiere a pensar lo que queremos ser, sino que además logramos atraer a partir de creerlo ya realizado (sentirlo como cierto ahora mismo), pensado desde el logro; es decir: SOY EXITOSO, no expresado en futuro: seré exitoso. El sentido de expresarlo en presente, es para que no se quede en un simple pensamiento, sino que vaya más allá, se sienta, perciba y sobre todo se crea que ya es así; desde esa perspectiva el ser humano emana energía que transforma su entorno en favor de que se cumpla lo que siente.

Por ello, si nos sentimos exitosos, si nos creemos exitosos, el universo creará lo que nosotros creamos; ese es la razón principal para que comencemos a trabajar en nuestra mente y emociones, cada pensamiento negativo repetitivo, provoca una emoción interna que produce una expulsión de energía baja que conlleva a las situaciones que no queremos, en cambio, un pensamiento superior ganador, conjuntamente con el control de las emociones, que genere vibras positivas, coadyuvará a la atracción de lo que soñamos.

Ley de dar para recibir, es una regla de vida que está muy ligada a las demás, todo lo que demos al universo nos será devuelto en mayor proporción, por ello, por muy poco que tengamos debemos aprender a dar, pero no por obligación sino desde la creencia de que lo mucho o poco que estemos dando hoy se nos multiplicará en el futuro, cuando comencemos a probar está ley nos daremos cuenta de lo increíble y beneficiosa que resultará en nuestras vidas.

Ley del Agradecimiento, es una regla hermosa y valiosa para todos aquellos que deseamos atraer el éxito a nuestras vidas, agradecer a la vida el hecho de estar vivo ya es un paso, agradecer al universo el hecho de que lograremos lo que nos propongamos es otro avance, agradecer a Dios las bendiciones que nos da es la forma más encantadora de gritarle al universo que estamos agradecidos con lo que tenemos, despertarse agradecido por el nuevo día, agradecer al acostarse por el día que vivimos es importante, en fin, quien más agradecido sea, Dios y el Universo les otorgará más elementos y bendiciones para continuar en agradecimiento. Quien agradece lo poco, le llegará lo mucho.

Eso sí, hay una gran diferencia entre ser agradecido con lo que tenemos y ser conformista con ello, la diferencia está exactamente en la vibra, el primero está agradecido con lo que tiene hoy pero con vista en ir en busca de más, en cambio el conformista está a gusto con lo que tiene ahora mismo y sencillamente no desea nada más.

Cuando estemos por la calle y una persona nos pida ayuda, no vibremos desde la amargura y lo mandemos a trabajar con arrogancia, si tenemos como ayudarlo no dejemos de hacerlo y sino por lo menos debemos bendecirlo para que mejore su situación, debemos agradecer a la vida que estamos en el lado de a quienes le piden y no del lado de quienes les toca pedir.

Ley de la devolución, esta es una regla que tiene mucho que ver con la anterior, es una forma de agradecer todo lo que la vida y Dios nos ha brindado, es una forma de retribuir la gracia que hemos obtenido y ser agradecido con lo que venimos logrando.

Una cosa es una meta y otra muy distinta es un propósito, para qué vinimos a este mundo es el propósito, la meta es lo que queremos, cuando descubrimos nuestro propósito de vida, podemos entrelazarlo con la meta y de esta manera crear un binomio espectacular que nos impulsará a lograr todo lo que nos propongamos.

El propósito va más allá del individuo, es un grado de consciencia en el que descubres que lo que nosotros anhelamos debe aportar algo a nuestro entorno, por ello la ley de la devolución es tan valiosa.

Es dar sin esperar nada a cambio, se trata de retribuir lo que nos ha dado la vida, ayudar a los demás a subir, colaborar con quienes lo necesitan, pero se trata de donaciones de agradecimiento, sin esperar que la vida nos devuelva nada, es el punto en el que ofrecemos a ciegas, por agradecimiento de todo lo que tenemos.

Algunos establecen una fecha exacta para cumplir con esta ley universal de vida, es una fecha en la que no se trabaja, no se compra ni para sí ni para los suyos, es un día exclusivamente para dar a los demás, quizás puede ser un excelente día para reunir a los más allegados, ofrecer un banquete para afianzar la unión familiar y enseñar a ser agradecidos por todas las bendiciones que nos da la vida, pero antes de disfrutar de ese banquete debemos haber cumplido con bendecir a otros, a quienes verdaderamente lo necesitan, es la excusa perfecta para ayudar a otros y reunirse en familia.

La ley de la devolución o retribución es una ley de agradecimiento sin ningún interés, ni razón oculta de vibración positiva o energía que coadyuve al logro de algo que queramos, esta ley no ayudará a quien la aplique, es una ley que ayudará a quien verdaderamente lo necesita (quien lo recibe) y parte desde el agradecimiento de quien se siente bendecido; eso sí, si llegamos a este punto, significa que necesariamente estamos vibrando positivamente, que nos sentimos a plenitud y todo ello indudablemente, seguirá aportando para que atraigamos a nuestras vidas todo lo que anhelamos.

Finalmente y no menos importante se encuentra el binomio perfecto, para alcanzar absolutamente todo lo que deseemos. CREENCIA y FE.

Creer en sí mismo es el elemento primordial para lograr los objetivos, todo aquel que crea en el triunfo triunfará y todo aquel que crea en el logro logrará.

Fe en Dios, el mundo es materia y el ser humano es cuerpo y mente, pero el universo es energía, allí el ser humano es espíritu.

Dios es el padre creador, quien nos bendijo con la vida, su regalo para nosotros es ser quienes somos, nuestro regalo para él es convertirnos en quienes seremos.

La fe mueve montañas dice un adagio antiguo, se necesita tan solo fe del tamaño de un grano de mostaza para mover un monte de un lado a otro.

Siendo así, cuando creemos que todo lo que nos propongamos lo lograremos y además tenemos fe que Dios está con nosotros (al ser nuestro padre nos ayudará y guiará para alcanzarlo); entonces, cuerpo, mente y espíritu se unen con un solo propósito y una sola convicción, lo cual necesariamente concluye con la materialización del sueño que tanto anhelamos.

La fe no se expresa, ni se piensa, es un elemento que solo se siente, cuando sentimos en lo más profundo de nuestro ser, que hay una fuerza sobrenatural, poderosa y extraordinaria que está con nosotros, y que gracias a ella, nada ni nadie nos dañará ni perturbará en el camino, será esa misma fe –J.C.-, la que nos protegerá, guiará y nos hará victorioso en cada batalla que emprendamos, no conoceremos la derrota, ni existirá situación que nos saque del camino, es la fe pura quien nos dará el escudo y el arma para afrontar todo lo que nos depara la grandiosa vida, y lo mejor, nos dará la seguridad del triunfo.

El binomio perfecto para atraer lo que deseamos, es creer en nosotros y tener fe en ese elemento espiritual supremo que nos otorga confianza total.

## *MENSAJE*

La vida del ser humano resulta como una montaña rusa en la que jamás dejará de subir, bajar, tomar curvas a toda velocidad y en alguna que otra ocasión estará de cabeza, con ganas inmensas de gritar ¡paren esto ya!

Lo importante no es lo peligroso, lo difícil de sobrellevarla o lo desagradable que se pueda tornar algunas veces, lo verdaderamente importante es jamás soltar el cinturón de seguridad y sobretodo ni siquiera por un instante pretender bajarse de ese cubículo asignado.

Para ello se requiere discernimiento, entender que son solo momentos cíclicos que se viven durante todo el trayecto, cuando nos percatamos que son solo instantes finitos los que experimentamos, tendremos mayor control de nuestras vidas.

Como en una montaña rusa, todo el tiempo no estaremos de cabeza, no todo el tiempo estaremos en curvas, todo el tiempo no estaremos subiendo, pero tampoco todo el tiempo estaremos de bajada, RECORDEMOS: son ciclos, cuando entendemos lo anterior, cada vez nos irá resultando más sencillo adaptarnos a esos ciclos, y con el tiempo incluso aprenderemos a disfrutar de cada etapa del camino -sin importar cuál sea-, lo cual sin duda alguna se resume en la felicidad de vivir.

Internalizando lo anterior, es el punto de partida para definitivamente procurar lo que tanto anhelamos en nuestras vidas, entre estos, la atracción del éxito. En el caso de nosotros los inmigrantes se trata de cumplir todos esos sueños en un país distinto al que nos vio crecer, con costumbres, gustos, creencias y reglas diferentes a las que estábamos acostumbrados, donde se nos presentarán muchos retos, para los cuales nos prepararemos con todos esos elementos que nos ayudarán a adaptarnos a esa gran montaña rusa llamada vida, es esa aventura de atreverse a cambiar de fronteras con un objetivo claro, que será el bastón indestructible de apoyo que nos mantendrá motivado durante todo el camino.

Emigrar sin importar las razones por las que lo hagamos, no es fácil para nadie, habrán momentos duros, en los que nos sentiremos solos, deprimidos, sensibles, ansiosos, angustiados, decepcionados, algunos arrepentidos, el camino del inmigrante tiene fuertes etapas que se intensifican por el hecho de estar lejos de nuestros seres queridos. Pasar por esta etapa no tiene por qué alejarnos de la meta o inducir miedo en nosotros que nos impida salir de nuestra zona de confort en busca de ese gran sueño.

En esta fase compleja de decaimiento y angustia, de decepción y tristeza, de miedos o arrepentimientos, es vital saber que se trata de una pequeña y microscópica etapa que justo en el momento que la estamos viviendo, nos parece muy difícil y eterna, pero luego de avanzar unos pocos pasos hacia delante y percatarnos que vamos por buen camino, cuando hacemos una mirada hacia atrás, entendemos que ese momento de dificultad, es el elemento que otorga más valor a ese sueño que realmente deseamos.

Es decir, solo aquellos que tienen un deseo verdadero, un sueño que se ha convertido en un anhelo y que realmente quieren hacer realidad, serán quienes se atreverán y superarán esta fase tan difícil, pero que se trata de un solo escalón que nos aproximará a la meta; quienes no tengan un sueño real, sencillamente se quitarán del escalón difícil pero no superándolo sino bajando nuevamente al inicio y jamás queriendo salir de esa zona de confort que se encuentra en la planta baja del edificio, siendo ésta es la razón principal del por qué no todos llegan al Penthouse.

Eso sí, que nadie se atreva siquiera a pensar que en el camino no existirán fracasos, esas pequeñas caídas son el factor elemental de la grandeza, quienes más han fracasado, son quienes más éxito han tenido en sus vidas; se dice que todo producto exitoso fue un fracaso con anterioridad, la diferencia está en quienes creyeron en su idea jamás se dejaron influenciar por el entorno perturbador y continuaron mejorando una y otra vez, tocando puertas una y otras vez, sin importar las veces que fueron rechazados ni el número de puertas que les fueron cerradas. Una vez cumplieron su objetivo y materializaron su meta, el mundo los reconoció como personajes exitosos y los aplaudieron llenos de júbilo por tan prestigiosa victoria (los mismos que tiempo atrás eran críticos y detractores de su proyecto), por ello la verdadera historia recorrida antes de esa gran victoria es un camino "lleno de fracasos", que para los hombres y mujeres de éxito no es percibida de esa manera, ya que los tropiezos son vistos como pasos necesarios para llegar al objetivo final.

Por lo tanto, si en un primer intento fallamos, con ese hecho no se nos acaba el mundo, volvamos a intentarlo una y otra vez, mejorando en cada intento, hasta que por fin alcanzamos el objetivo. Un basquetbolista no mejora su tiro, intentándolo una única vez, un cantante no mejora su voz con una única práctica, un escritor no domina la escritura con un único ensayo, un abogado no se especializa en su profesión asistiendo un único caso, un empresario no se vuelve millonario con la primera maqueta de su proyecto; no importa el área en la que pretendamos desenvolvernos, se requiere de perseverancia para llegar a la meta.

Ahora bien, como llegar a la meta se trata del recorrido de todo un camino ¿qué elementos debemos llevar con nosotros para lograr atraer el éxito a nuestras vidas de inmigrantes? Aquí tenemos un pequeño resumen:

**AutoControl**: arropa la vida, conquista el ambiente y abarca tu mundo, se tú quien llene el entorno y no dejes que te envuelva, te arrope o conquiste ninguna emoción o sentimiento, una emoción excesiva es capaz de descontrolarte o paralizar tu avance, los sentimientos no deben ser rechazados ni eliminados, sentir es parte del vivir, por lo tanto no hay negatividad en el sentir, cualquier emoción puede ser el impulso que necesitas para alcanzar lo que deseas; la alegría y pasión te inspiran a seguir el camino que te trazaste, pero el miedo y tristeza, puedes convertirlo en el impulso que provoquen en ti la necesidad de superarlos. Cuando aprendas a controlar las emociones, estarás controlando tu vida.

**Planificación**: el día a día es la visión de la gran mayoría de las personas, gastos y más gastos sin fundamento son las acciones constantes de la mayoría, un pensamiento limitado es lo implantado a la gran mayoría, la sociedad es un caos, el desorden e improvisación excesiva llena nuestro entorno, los resultados de la gran mayoría ya los conoces. Ahora ¿quieres resultados distintos? La respuesta es simple, materializa acciones distintas a las que ejecutan la gran mayoría, para ello planifica cada uno de tus pasos, sin obsesionarte (recuerda autocontrol), en el camino podrán suceder acontecimientos que perturben un poco o mucho el plan, lo importante es retomarlo hasta alcanzarlo.

Hay un aspecto común en la gran mayoría de las personas exitosas; todos tuvieron un plan, al que llamaron Plan A, una vez lo visualizaron, trabajaron duro para cumplirlo y justo cuando sucedieron acontecimientos que los obligaron a dudar del Plan A, ejecutaron el Plan B. El Plan A lo creas tú mismo, pero lo que si te pueden aconsejar cada uno de los sujetos exitosos es ¿qué establecer en el Plan B?, este segundo plan, consiste en levantarte del suelo, lavarte la cara y darte una bofetada para que más nunca dudes de tu Plan A; el plan B consiste en cumplir el Plan A (se supone que es la materialización del sueño), no hay ni existirá otro plan que cumplir más que el Plan A.

Por ello, organízate, estructura tus pasos, planifica tus objetivos y ve cumpliendo uno a uno los pasos que trazaste para alcanzar ese gran sueño.

**Meta:** avanzar hacia un norte, es el elemento vital para evitar perderse en el camino, todo aquel que tenga claro qué quiere conseguir, hacia donde debe ir y cómo quiere vivir, se encuentra uno o dos pasos por delante de todos aquellos que no tienen idea de qué quieren para sus vidas, hay un adagio popular que reza así; quien no trabaja para cumplir sus sueños, es el candidato perfecto para trabajar por el sueño de alguien más. Por esta razón es importantísimo fijarse una meta, desglosarla en objetivos e ir cumpliendo uno a uno los mismos, eso sí, tú meta debe estar perfectamente especificada (¿qué quieres?, ¿cómo lo quieres?, tamaño, peso, olor, cantidad, color, sensación, visual, auditiva, con quienes lo vas a celebrar, qué estarás haciendo, se trata de imaginar el todo ya materializado) debes detallarlo en su totalidad, con la finalidad de darte cuenta el momento en que lo cumplas. Por ello antes de dedicarte a pedir y a buscar, es necesario aprender a pedir y a buscar, la manera correcta es siendo radicalmente descriptivo en lo que quieres.

**Enfoque**: una vez establecida la meta corresponde desarrollar la capacidad para evitar distracciones, es el factor intrínseco que te lleva a tener siempre fijada en la mentalidad y accionar el sueño que pretendemos alcanzar. Este elemento debe considerarse una necesidad que no puedes relajar, con la finalidad de mantenerte en la dirección correcta hacia lo que quieres.

**Disciplina**: es sencillamente hacer lo que tienes que hacer, cuando lo tienes que hacer, las veces que lo tengas que hacer. No hay resultados positivos sin disciplina; en los momentos de desánimo, pasividad o angustia, se puede avanzar si eres disciplinado. De granito de arena en granito de arena se vacía o se llena un reloj antiguo, lo único que te hará alcanzar o evitar lograr ese sueño que tanto anhelas, será lo mucho o poco disciplinado que seas. Siempre surgirán circunstancias que pudieran perturbar el enfoque, distraer tu atención, pero si tienes perfectamente claro las acciones que debes realizar a diario y lo cumples, ten la seguridad que nunca dejarás de avanzar y cuando menos lo imagines la meta estará justo al frente a solo centímetros de traspasarla. Si cada día colocas un perfecto bloque, a las semanas tendrás una perfecta pared construida y si continuas con la misma disciplina, con el tiempo habrás construido un gran castillo.

**Reconocimiento**: es una fase intrínseca en la que debes dedicarte a explorar internamente y responder a la interrogante de ¿quién eres?, conocer perfectamente lo que te agrada, desagrada, te gusta, disgusta, quieres, no quieres, buscas, no buscas, tus conocimientos, desconocimientos, profesión, oficio, hobby, talento. Una vez conozcas cada uno de los puntos anteriores, concatenado con el sueño a materializar, tendrás claro la repuesta a la interrogante, que aunque pareciera obvia, no todos se detienen un instante a reconocerse realmente, con la finalidad de tener claro las cosas que harías y cuáles no para materializar la meta. El reconocimiento es el punto exacto en que conoces tus fortalezas y debilidades, para luego poder continuar a la siguiente fase.

**Ofrecimiento**: es el elemento que debe poseer todo emigrante, con la finalidad de provocar interés en el país receptor, cada persona que pretenda convertirse en un inmigrante exitoso, debe tener claro qué ofrecerá a ese nuevo territorio, para generar interés en la sociedad. Cada país en el mundo tiene sus propios problemas, pretender dirigirse a nuevas fronteras, llevando consigo solo sueños y problemas, es una manera bastante eficaz para ser rechazado. Por ello, es importante reconocerse, tener conciencia de quienes somos y qué ofreceremos al país destino. Toda nación receptora preferirá brindarle oportunidades primeramente a aquellos sujetos que considerasen pudieran ser productivos o generadores de soluciones, que a aquellos que se convertirán en una carga, por traer un equipaje lleno exclusivamente de problemas.

**Adaptabilidad**: es el aspecto principal para lograr la convivencia ideal, lo mejor que le puede suceder a un inmigrante, es desarrollar su vida en el país destino de una manera agradable, evitando conflictos y sobretodo disfrutando de su estadía, para lograr todo lo anterior se necesita capacidad de adaptación, todo aquel que pueda formar parte de una comunidad o sociedad sin necesidad de rechazar sus valores, principios y orígenes, sino moldeándose a las creencias, gustos y reglas de la nueva sociedad, tendrá no solo la aceptación del nuevo territorio sino que además aprenderá a disfrutar de las experiencias y el ambiente nuevo; no es lo mismo ir en busca de un sueño en un ambiente hostil en el que quieres cuanto antes salir corriendo de allí, a lograr tu sueño en el mejor de los ambientes posibles.

**Creatividad**: este es el aspecto transversal dirigido directamente a lo que pretendes ofrecer en el país destino, bien sea un producto o un servicio, sin importar que tipo de meta te hayas trazado, a donde quieras llegar para atraer el éxito a tu vida, es importantísimo la capacidad creativa que tengas para promocionar o promocionarte, para trabajar, para servir, para innovar o agregar un plus a lo ya creado; es ese elemento cautivador, que hará la diferencia con otros productos u otros sujetos que ofrezcan lo mismo o algo parecido al tuyo. No es cierto, que determinado sector no pueda ser desarrollado en un lugar específico, es que todavía no ha llegado alguien lo suficientemente creativo para adaptar ese producto o servicio a la sociedad o territorio donde pretende captar los futuros clientes.

**Retomar Contactos**: Todo aquel que siquiera comience a imaginar que puede llegar a una meta y atraer para su vida el éxito solo, está completamente equivocado, en este siglo XXI nos encontramos en la etapa más globalizada y de interconexión más elevada de la historia de la humanidad, actualmente el crecimiento empresarial ya no se ve reflejado desde el punto de vista monetario, sino en la capacidad de captar al mayor público posible, y todo ello se logra a través del feedback con sus clientes, donde todo inicia a través de los contactos que tengas. Durante todo el camino de un emigrante hasta convertirse en un inmigrante, es vital los contactos que poseas, ya que cualquiera de ellos puede ayudarte cuando menos te lo imaginas y una vez establecido en el nuevo territorio, de igual forma los seguirás necesitando, no importa la posición, profesión, oficio o capacidad económica que tenga ninguno, cada sujeto es importante en el momento y situación adecuada, los contactos no se subestiman ni sobrestiman, sencillamente se mantienen en contacto para apoyarse mutuamente, el interés no puede ser solo personal, debemos saber que si queremos que todos nuestros contactos estén a disposición para ayudarnos, nosotros debemos colaborarles con lo que verdaderamente podamos cumplirles.

**Ampliar Contactos**: una vez instalados en el nuevo territorio, es necesario iniciar el camino de ampliación de nuestra fuente de contactos, conociendo a sujetos, analizando qué hacen, a quienes conocen y agregándolos a nuestro contacto, con la finalidad de aumentar lo mayor posible esa red de sujetos que se convertirán en nuestros colaboradores, guías, ayudantes y algunos en nuestros clientes o multiplicadores del producto o servicio que vamos a ofrecer en el país destino.

**Mentalidad**: lo que pienses lo atraes, y cómo lo pienses lo acercas o lo alejas. La mente juega un papel fundamental, en absolutamente todo lo que hagamos en nuestras vidas, una mentalidad superior, es capaz de disfrutar de lo bueno, extraer el aprendizaje de lo malo y fusionar ambas experiencias, con la finalidad de avanzar hacia la meta trazada. Cada uno de los sujetos exitosos en el mundo, tienen algo en común, en sus mentes siempre estuvo presente el logro, se visualizaron ganadores, se creyeron exitosos y pensaron como exitosos. Para un inmigrante no hay mucha diferencia, una mentalidad superior te lleva a actuar con confianza, te prepara para afrontar las adversidades desde una postura de victoria y te conduce definitivamente hacia la materialización del sueño.

**Actitud**: una mentalidad superior es un instrumento incompleto sino ponemos en práctica el pensamiento, la actitud constante forma en el sujeto hábitos que provocaran un mismo resultado, por lo tanto si actuamos frente a los problemas con la certeza de que los superaremos, si frente a los sueños actuamos con la convicción de que nuestro esfuerzo nos dará el logro y si frente a lo que queremos actuamos con la seguridad de que lo obtendremos, el resultado será positivo para nuestras vidas. La vida del inmigrante puede variar miles de veces, en razón de los acontecimientos nuevos que se producirán en el país destino; pero manteniendo una actitud superior frente a cada suceso, las garantías de victoria están seguras.

**Creencia**: no es lo mismo actuar con la creencia plena en nosotros mismos, que ir probando ante cada situación, qué nos saldrá bien y qué no, es fundamental CREER, creer en el sueño, creer en el logro, creer en que llegaremos a la meta, pero sobretodo creer en el sujeto que va en busca de ese sueño, creer en el individuo que atraerá el éxito a su vida, creer en la persona que se atrevió a cambiar de territorio para lograr sus metas, en definitiva, creer en nosotros mismos. Nadie aceptará el servicio de una persona que no esté segura de lo que hace, nadie comprará el producto de una persona que duda de su capacidad, nadie contratará para su compañía a un individuo que no confíe en sus conocimientos. Por ello, si quieres triunfar, materializar el sueño, lograr la meta y atraer el éxito, debes tener muy claro, que debes CREER en ti.

**Fe**: es ese plus que fortalece tanto el pensamiento como la acción, es un escudo protector frente a cualquier adversidad y a la vez esa espada de lucha que garantiza nuestra victoria. La fe es esa ayuda divina que nos otorga la confianza necesaria para lograr todo lo que anhelamos. Si Dios nos creó a su imagen y semejanza, significa que tenemos el poder para alcanzar cualquier cosa que imaginemos, y si además el creador del todo, es nuestro padre, quiere decir que tenemos a nuestro favor el más grande colaborador y protector de todos.

**Si crees en ti, el sueño será materializado y si tienes fe en Dios, la victoria está garantizada.**

www.ingramcontent.com/pod-product-compliance
Lightning Source LLC
Chambersburg PA
CBHW021453210526
45463CB00002B/758